GRAMMAIRE

... LOGIQUE ...

... DE L'UNIVERSITÉ ...
... D'OUVRAGES CLASSIQUES.

Paris,

LIBRAIRIE CLASSIQUE

... EDITEUR

CORRIGÉ

DES EXERCICES FRANÇAIS

SUR LA GRAMMAIRE DE LHOMOND.

Chez le même Libraire.

NOUVEAU MANUEL complet gradué de la Composition française, ou Choix de sujets *entièrement neufs*, en tous genres ; narrations, discours, lettres, descriptions, tableaux, etc., tirés de nos meilleurs auteurs, et propres à être donnés en devoirs dans les colléges, séminaires, pensions de l'Université, et autres établissements d'instruction publique ; *avec préceptes, à l'usage des élèves; par* Alphonse Fresse-Montval. 2 vol. in-12, Paris, *br. couv. imp.*   **3 fr.**

Le même ouvrage, *matière, préceptes* et *corrigés, à l'usage des maîtres.* 2 vol. in-12, Paris, 3e édition, revue et corrigée avec soin, *br. couv. imp.*   **7 fr.**

NOUVEAU MANUEL complet et gradué de l'Art épistolaire, ou Recueil de lettres, embrassant les quatre périodes de la vie : l'enfance, l'adolescence, la jeunesse, l'âge mûr ; suivi de modèles de lettres de change, d'opérations commerciales, etc., tirés de nos meilleurs auteurs et propres à être donnés en devoirs aux élèves des deux sexes ; *avec préceptes, à l'usage des élèves;* par Alph. Fresse-Montval ; 2 v. in-12, *cart. couv. imp.* **3 fr. 50 c.**

Le même ouvrage, *matières, préceptes* et *corrigés, à l'usage des maîtres.* 2 vol. in-12, Paris, 3e édition, revue, augmentée et corrigée avec soin, *br. couv. imp.*   **7 fr.**

NOUVEAU MANUEL de Littérature, ou Cours complet de Rhétorique, comprenant la poésie, l'éloquence et l'histoire littéraire, et renfermant les réponses à toutes les questions indiquées dans le dernier programme du baccalauréat ès lettres ; par Alph. Fresse-Montval. 1 gros vol. in-12 de 450 pages, Paris, *br. couv. imp.*   **3 fr. 25 c.**

NOUVEAU TRAITÉ de la Narration et de l'analyse littéraire, avec des exemples tirés de nos meilleurs auteurs anciens et contemporains, suivis de quarante-six modèles de narration propres à être analysés, et enrichi de notes historiques, biographiques et littéraires ; par Alph. Fresse-Montval. 2e édition, revue, corrigée et considérablement augmentée. Paris, 2 gros vol. in-18, *br. couv. imp.*   **4 fr.**

c

CORRIGÉ

DES

EXERCICES FRANÇAIS

SUR LA GRAMMAIRE DE LHOMOND,

SUIVI D'UN

PETIT TRAITÉ

D'ANALYSE GRAMMATICALE ET D'ANALYSE LOGIQUE,

A l'usage des Maîtres ;

PAR **N. A. DUBOIS**,

PROFESSEUR DE L'UNIVERSITÉ, AUTEUR D'UN GRAND
NOMBRE D'OUVRAGES CLASSIQUES.

PARIS,

A LA LIBRAIRIE CLASSIQUE

DE A. POILLEUX, ÉDITEUR,

RUE HAUTEFEUILLE, 18.

1854.

Toutes mes éditions classiques, étant collationnées sur les
éditions les plus récentes et les plus renommées, principa-
lement sur celles de l'Allemagne, sont supérieures à celles
qui ont paru jusqu'ici en France à l'usage des classes.

Toute contrefaçon sera poursuivie conformément aux lois.

Les exemplaires sortis de mes presses sont tous revêtus de ma
griffe.

Neuilly. — IMPRIMERIE DE A. POILLEUX.

CORRIGÉ

DES

EXERCICES FRANÇAIS

SUR LA GRAMMAIRE DE LHOMOND.

EXERCICE I.

Le Nom ou Substantif.

Dire aux élèves d'indiquer le nom ou substantif.

L'*asile* le plus sûr est le *sein* d'une *mère*.
Le *bonheur* n'existe pas sans la *vertu*.
L'*amitié* sans l'*affection* n'est qu'un vain *nom*.
L'*homme* propose et *Dieu* dispose.
La *Vierge* est appelée la *mère* de *Dieu*.

---

re aux élèves d'indiquer les noms ou substantifs communs, et
d'énoncer pourquoi on les appelle substantifs communs.

L'*abeille* bourdonne. L'*âne* brait. Le *bœuf* beugle ou
ugit. La *brebis* bêle. Le *chat* miaule. Le *cheval* hennit.
chien aboie. Le petit *chien* jappe. La *cochon* grogne.
colombe gémit. Le *corbeau* croasse. Le *crapaud* coasse.
grenouille coasse. Le *hanneton* bourdonne. L'*hiron-
lle* gazouille. Le *lion* rugit. Le *loriot* siffle. Le *loup*
irle. Le *merle* siffle. La *mouche* bourdonne. Le mouton
ile. L'*oie* siffle. L'*orfraie* hurle. Le *perroquet* cause,

1

jase, babille. La *pie* jacasse. Le *pigeon* roucoule. La *poule* glousse. Le petit *poulet* piaule. Le *ramier* gémit. Le *renard* glapit. Le *roitelet* gazouille. Le *rossignol* gringotte. Le *serpent* siffle. Le *taureau* mugit. La *tourterelle* gémit, roucoule. La *truie* grogne. La *vache* mugit.

Dire aux élèves d'indiquer les noms ou substantifs propres, et d'énoncer pourquoi on les appelle substantifs propres.

Nisus était l'ami d'*Euryale* ; *Pythias* l'ami de *Damon* ; *Patrocle* l'ami d'*Achille* ; *Oreste* l'ami de *Pylade*.

Milan, Rome, Florence, Gênes, Naples, Venise, Turin, sont des villes d'*Italie*.

Paris, Lyon, Marseille, Bordeaux, Toulouse, Perpignan, Rouen, Lille, sont des villes de *France*.

Boileau, Racine, Molière, Bossuet, Massillon, sont les plus beaux génies du siècle de *Louis XIV*.

Dire aux élèves d'indiquer le genre des noms ou substantifs suivants.

Mon bon *ami* (*m.*), ton *père* (*m.*) a pour toi la plus vive *tendresse* (*f.*). Ta *sœur* (*f.*) et ta *mère* (*f.*) ont fait beaucoup de *chemin* (*m.*) pour venir te donner leur *bénédiction* (*f.*).

L'*ascension* (*f.*) d'un *ballon* (*m.*) est *chose* (*f.*) curieuse à voir.

J'ai fait le *dépôt* (*m.*) d'une *somme* (*f.*) importante au *parquet* (*m.*) du *procureur* (*m.*) impérial.

La *vie* (*f.*) est un *éclair* (*m.*).

Le *bonheur* (*m.*) est un *songe* (*m.*).

Dire aux élèves d'indiquer le singulier et le pluriel des noms ou substantifs suivants.

La *richesse* (*s.*) ne donne pas toujours la *paix* (*s.*) de l'*âme* (*s.*) et la *félicité* (*s.*).

Les *vertus* (*p.*) théologales sont : la *Foi* (*s.*), l'*Espérance* (*s.*) et la *Charité* (*s.*).

Les *frais* (*p.*) et les *dépenses* (*p.*) sont en pure *perte* (*s.*).

EXERCICE II.

Formation du pluriel dans les noms ou substantifs.

Dire aux élèves de mettre au pluriel les phrases suivantes.

La nymphe de la fontaine. La symphonie du musicien. Le tyran du peuple. L'épargne du pauvre. La richesse du laboureur. L'épée du guerrier. La rose du jardin. Le navire de la flotte.

Ajoutez *s* pour le pluriel.

Le *lis* de la vallée. Le *lambris* du plafond. Le *panaris* du doigt. Le *panais* du verger. Le *remords* de l'âme. La *croix* du patient. Le *nez* du sauvage. Le *sonnez* du jeu de dés. Le *corps* de l'homme. La *noix* de l'arbre. L'*avis* du sage.

Les mots imprimés en *lettres penchées* ou *italiques* sont invariables au singulier comme au pluriel.

Le *lapereau* du chasseur. Le *perdreau* de la contrée. Le *chevreau* du fermier. Le *gluau* de l'oiseleur. L'*étau* du serrurier. Le *milieu* du compartiment. L'*enjeu* du joueur. L'*aveu* du coupable. Le *genou* de l'homme. Le *chou* du potager. Le *bijou* de la reine. Le *caillou* de la montagne. Le *hibou* du parc. Le *joujou* de l'enfant. Le *pou* de la tête. Le *manteau* du roi.

Les mots en *italiques* prennent un *x* au pluriel.

L'*arsenal* de la ville. Le *canal* de la contrée. Le *local* du propriétaire. Le *cordial* du malade. Le *corail* du bijoutier. L'*émail* de la montre. Le *fanal* du rivage. L'*étal* du boucher. L'*hôpital* de la ville.

Les mots en *italiques* font le pluriel en *aux*.

EXERCICE III.
De l'article LE, LA, LES.

Dire aux élèves de mettre aux noms ou substantifs suivants l'article qui n'est pas indiqué dans leurs exercices.

(*Le*) pain, — (*le*) vin, — (*le*) traiteur, — (*le*) bâton, — (*le*) cri, — (*le*) chameau, — (*le*) passage, — (*le*) jardin, — (*le*) légume, — (*le*) bois, — (*le*) centime, — (*le*) chapon, — (*le*) lion, — (*le*) buffet.

(*La*) terre, — (*la*) sœur, — (*la*) famille, — (*la*) vertu, — (*la*) probité, — (*la*) culture, — (*la*) cousine, — (*la*) lettre, — (*la*) table, — (*la*) mouche, — (*la*) peinture, — (*la*) sculpture, — (*la*) corbeille, — (*la*) sagesse, — (*la*) bonté, — (*la*) passion.

Dire aux élèves de mettre au pluriel les articles et les noms ou substantifs suivants.

La parure (*les parures*). La source (*les sources*). Le roi (*les rois*). Le sujet (*les sujets*). Le soulier (*les souliers*). Le talon (*les talons*). Le pied (*les pieds*). Le linge (*les linges*). Le livre (*les livres*). La table (*les tables*). La flotte (*les flottes*). La mouche (*les mouches*). Le grenadier (*les grenadiers*). Le figuier (*les figuiers*). Le citronnier (*les citronniers*). Le damier (*les damiers*). La pomme (*les pommes*). La poire (*les poires*). La figue (*les figues*). Le raisin (*les raisins*). La pêche (*fruit*), (*les pêches*). La confiture (*les confitures*). Le massepain (*les massepains*). Le biscuit (*les biscuits*).

Dire aux élèves de retrancher *e* dans l'article *le*, et *a* dans l'article *la*, aux articles écrits sans élision dans leurs exercices.

L'inclémence de l'air. L'arrivée de l'armée. L'honneur de l'homme. L'amabilité de l'enfant. L'exercice de l'infanterie. L'étendue de l'univers. L'approvisionnement de l'Italie. L'intrigue de l'individu. L'excès de l'étude. L'harmonie de l'instrument. L'inspiration de l'imagination. L'incapacité de l'imbécile. L'agilité de l'écureuil. L'imbécillité (1) de l'intrigant. L'indigence de l'auteur. L'espièglerie de l'enfance.

Dire aux élèves de mettre *du, au, des* et *aux* au lieu de *de le, à le, de les, à les*, aux articles écrits sans élision dans leurs exercices.

La vie du cygne et celle du corbeau est fort longue.

---

(1) L'Académie ne met qu'un *l* à l'adjectif *imbécile*, et elle met deux *l* au substantif *imbécillité*.

1*

L'excès du repos est blâmable. Le fruit du poirier est excellent. Le livre du destin n'est pas ouvert à l'homme. Le luxe du festin est asiatique. Je vais au combat. J'obéis au devoir. Je cède au torrent qui m'entraîne. L'étude contribue au bonheur. La vertu ajoute au calme de la conscience. Le cheval obéit au commandement de l'é-cuyer. Les devoirs des magistrats sont nombreux. Les lois des vainqueurs sont dures et cruelles. Les conditions des traités sont onéreuses. L'amour des richesses est fu-neste. La pente des vices est glissante. Les imperfections des hommes sont nombreuses. On a dit des mortels qu'ils sont tous égaux. Rien de plus imposant que l'armée des alliés. Arrivons aux portes de la ville. Énée descendit aux enfers. J'obéis aux lois du code. L'oiseau s'élève aux nues. La patrie est chère aux cœurs bien nés. La droiture du jugement est préférable aux saillies de l'esprit. La charité est indispensable aux chrétiens. Le commerce donne une vie nouvelle aux nations et aux gouvernements.

EXERCICE IV.

De l'Adjectif.

Dire aux élèves d'indiquer tous les adjectifs des phrases suivantes.

Rien n'est plus *doux*, plus *agréable* que d'aimer Dieu, le travail et la vertu.

L'industrie *humaine* se développe merveilleusement aujourd'hui.

L'étude est *indispensable* à l'homme qui ne veut pas rester *ignorant*.

Un *bon* élève ne sera jamais ni *menteur*, ni *paresseux*.

La machine est *lente* à mouvoir.

Les fruits ne sont pas *abondants*, mais ils sont *superbes* et d'une saveur *délicieuse*.

J'ai fait un rêve *charmant* ; je croyais être dans un jardin *admirable* et aussi *merveilleux* que les jardins d'Armide.

Croyez-moi : soyez *honnête*, *humain*, *compatissant*, *miséricordieux* et *charitable*.

Les qualités du cœur sont *préférables* à celles de l'esprit.

EXERCICE V.

Formation du féminin dans les adjectifs.

Dire aux élèves d'ajouter aux adjectifs suivants le féminin, qui n'est pas mis dans leurs exercices.

MASCULINS.	FÉMININS.
Un cachot obscur.	Une chambre *obscure*.
Un homme prudent.	Une femme *prudente*.
Un bruit éclatant.	Une renommée *éclatante*.
Un esprit sain.	Une raison *saine*.
Un archer adroit.	Une manœuvre *adroite*.
Un repas succulent.	Une table *succulente*.
Un ami discret.	Une confidente *discrète*.
Un édit cruel.	Une loi *cruelle*.
Un étui pareil.	Une aiguille *pareille*.
Un jour solennel.	Une fête *solennelle*.
Un fol espoir.	Une *folle* espérance.
Un homme mou.	Une poire *molle*.

MASCULINS.	FÉMININS.
Un *mol* (1) abandon.	Une nation *molle*.
Un ancien compagnon.	Une *ancienne* compagne.
Un bon serviteur.	Une *bonne* servante.
Un potage gras.	Une soupe *grasse*.
Un gros arbre.	Une *grosse* poutre.
Un esprit nul.	Une condition *nulle*.
Un manuscrit net.	Une conclusion *nette*.
Un sot animal.	Une *sotte* personne.
Un nuage épais.	Une nuée *épaisse*.
Un bel habit.	Une *belle* robe.
Un nouvel ameublement.	Une *nouvelle* parure.
Un visage blanc.	Une peau *blanche*.
Un cœur franc.	Une âme *franche*.
Un corps sec.	Une feuille *sèche*.
Un ombrage frais.	Une nuit *fraîche*.
Un jardin public.	Une promenade *publique*.
Un legs caduc.	Une donation *caduque*.
Un paysan grec.	Une dame *grecque*.
Un prêtre turc (2).	Une cérémonie *turque*.
Un discours bref.	Une parole *brève*.
Un cœur naïf.	Une âme *naïve*.
Un long chemin.	Une *longue* route.
Un auteur malin.	Une satire *maligne*.
Un naturel bénin.	Une humeur *bénigne*.
Un ami trompeur.	Une figure *trompeuse*.
Un poëte menteur.	Une esclave *menteuse*.
Un gascon parleur.	Une gasconne *parleuse*.
Roger, chanteur.	Euphémie, *chanteuse*.
Firmin, acteur.	Léonie, *actrice*.
Un dédain protecteur.	La fortune, *protectrice*.
Auguste, pécheur.	Cécile, *pécheresse*.

(1) *Mol*, au masculin, ne se dit que dans le style poétique ou dans le style soutenu, et devant un mot commençant par une voyelle ou par un *h* muet (ACADÉMIE).

(2) Dans ce proverbe : *Traiter quelqu'un de Turc à More*, se bien garder d'écrire : *à mort*.

MASCULINS.	FÉMININS.
Un abîme dangereux.	Une liaison *dangereuse*.
Un crime honteux.	Une action *honteuse*.
Un destin heureux.	Une destinée *heureuse*
Un événement malheureux.	Une chance *malheureuse*.
Un esprit jaloux.	Une fureur *jalouse*.
Un vin doux.	Une pomme *douce*.
Un poil roux.	Une chevelure *rousse*.

EXERCICE VI.

Formation du pluriel dans les adjectifs.

Dire aux élèves d'ajouter aux adjectifs suivants, tant masculins que féminins, la marque du pluriel, qui n'est pas indiquée dans leurs exercices.

MASCULINS.	FÉMININS.
Des cœurs constant*s*.	Des âmes constant*es*.
Des vins fin*s*.	Des étoffes fin*es*.
Des animaux cruel*s*.	Des bêtes cruel*les*.
Des sentiers étroit*s*.	Des routes étroit*es*.
Des hommes parfait*s*.	Des femmes parfait*es*.
Des jours *fatals* (l'Académie, contre l'avis de Lhomond, reconnaît ce pluriel, mais il est peu usité, ajoute-t-elle).	Des heures fatal*es*.
Filial (n'a ni pluriel masculin, ni pluriel féminin).	
Frugal.	Des tables frugal*es*.
Pascal (plur. m. pascaux, inusité).	Des lunes pascal*es*.
Pastoral (plur. m. pastoraux, inusité).	Des mœurs pastoral*es*.
Naval (point de plur. m.).	Des batailles naval*es*.

MASCULINS.	FÉMININS.
Des détails triviaux (plur. m. peu usité).	Des expressions triviales.
Des offices vénaux (Académie).	Des charges vénales.
Littéral (point de plur. m.).	Des traductions littérales.
Conjugal (point de plur. m.).	Des aménités conjugales.
Austral (point de plur. m.).	Les terres australes.
Boréal (point de plur. m.).	Des aurores boréales.
Final (point de plur. m.).	Les causes finales.
De loyaux services.	Des paroles loyales.
Les droits matrimoniaux.	Les prérogatives matrimoniales.
Des écrivains originaux.	Des pièces originales.

EXERCICE VII.

Accord des adjectifs avec les noms ou substantifs.

Dire aux élèves de mettre l'accord des adjectifs avec les substantifs, accord qui n'est point indiqué dans leurs exercices.

La nation anglaise est commerçante et belliqueuse.

Les grandes phrases et les grands mots n'éblouissent que les imbéciles.

La mère tendre et diligente ne perd jamais de vue ses jeunes enfants.

Les fruits délicieux des jardins sont servis sur la table somptueuse des riches.

Les cèdres du Liban sont majestueux et odoriférants.

Ma sœur et mon frère sont *heureux*.

Ma cousine et mon oncle sont *casaniers*.

La vertu nous donne des préceptes sublimes.

Rien de plus utile et de plus salutaire que de remplir ses devoirs religieu*x*.

La foudre menaçant*e* tombe sur les montagnes élevé*es*.

Les vagues furieu*ses* battent les rochers immobiles.

La lionne et le loup sont *carnassiers*.

Mes enfants, soyez toujours bon*s*, charitables, humain*s* et complaisant*s*.

La chatte et le renard sont *rusés*.

Que l'épée du guerrier soit toujours brillant*e*.

Évitons les révolutions sanglant*es* : il n'y a que des maux affreu*x* dans les guerres civiles.

———

Dire aux élèves d'expliquer le sens des adjectifs suivants, selon qu'ils sont placés avant ou après les substantifs. — MM. les professeurs devront aider beaucoup les élèves dans ces distinctions à faire, souvent difficiles ou inconnues aux jeunes écoliers.

Un *bon homme*, signifie un homme *simple, crédule*.	Un *homme bon*, signifie un homme charitable, compatissant.
Un *brave homme*, est un homme de bien.	Un *homme brave*, est un homme intrépide.
Certain mal, est un mal qu'on pourrait nommer.	Un *mal certain*, est un mal assuré, indubitable.
Une *commune voix*, est la réunion de tous les suffrages prononcés unanimement.	Une *voix commune*, est une voix ordinaire et qui n'a rien de plus remarquable qu'une autre.
Un *cruel homme*, est un homme ennuyeux, importun.	Un *homme cruel*, est un homme inhumain, insensible.
Une *fausse corde*, est une corde d'instrument qui n'est pas montée sur un	Une *corde fausse*, est celle qui ne peut jamais s'accorder avec une autre.

ton juste, sur le ton qu'il faut).

Une *fausse clef*, est une clef dont les voleurs se servent pour ouvrir les portes sans effraction.

Une *clef fausse*, est celle qui ne peut s'adapter à la serrure pour laquelle on veut s'en servir.

Une *fausse porte*, est une issue ménagée à l'effet de se dérober aux importuns sans être vu.

Une *porte fausse*, est un simulacre de porte, en pierre, ou en marbre, ou en peinture.

Un *galant homme*, est un homme de cœur et de probité.

Un *homme galant*, est celui qui, par de petits soins, cherche à plaire aux femmes.

La *dernière année*, est la dernière des années dans une période dont on parle : *la dernière année du règne de Louis XIV*.

L'*année dernière*, est l'année qui précède immédiatement celle où l'on parle : *j'ai beaucoup voyagé l'année dernière*.

Un *grand homme*, est un homme d'un grand mérite moral.

Un *homme grand*, est un homme d'une grande taille.

Un *honnête homme*, est un homme qui a de la probité et des mœurs.

Un *homme honnête*, est un homme qui observe tous les usages de la société, toutes les lois de la politesse.

Un *malhonnête homme*, est un homme qui n'a ni probité, ni sentiment d'honneur.

Un *homme malhonnête*, est celui qui blesse la civilité et toutes les bienséances.

Mauvais air, est un extérieur ignoble, un maintien gauche.

L'*air mauvais*, est un extérieur redoutable. Celui-ci tient au caractère.

Un *méchant homme*, est celui qui fait de mauvaises actions.

Un *homme méchant*, est celui qui dit des méchancetés.

Le *nouveau vin*, est le vin

Le *vin nouveau*, c'est le vin

nouvellement mis en perce, ou du vin différent de celui qu'on buvait.

nouvellement fait.

Un *nouvel habit*, est un habit différent de celui que l'on vient de quitter.

Un *habit nouveau*, est un habit de nouvelle mode.

Un *pauvre homme*, est un homme de peu de mérite.

Un *homme pauvre*, est un homme sans biens.

Une *pauvre langue*, est celle qui, outre la disette des termes, n'a ni douceur, ni énergie, ni beauté.

Une *langue pauvre*, est celle qui n'a pas tout ce qui est nécessaire à l'expression des pensées.

Un *plaisant homme*, est un homme bizarre, ridicule, singulier.

Un *homme plaisant*, est un homme enjoué, folâtre, qui fait rire.

Un *plaisant personnage*, est un impertinent digne de mépris.

Un *personnage plaisant*, est celui dont le rôle est rempli de saillies fines et de reparties ingénieuses.

Un *plaisant conte*, est un récit sans vérité et sans vraisemblance.

Un *conte plaisant*, est un récit agréable et amusant.

Un *petit homme*, est un homme de petite taille.

Un *homme petit*, est un homme vil et méprisable.

Les *propres termes*, sont les mêmes mots, sans y rien changer.

Des *termes propres*, sont des mots qui expriment bien, et selon l'usage de la langue, ce que l'on veut dire.

Un *seul mot*, signifie un mot considéré relativement à sa signification, à son énergie, le seul qu'on puisse employer pour exprimer ce qu'on veut dire.

Un *mot seul*, signifie un mot considéré numériquement, un mot qui n'est point accompagné d'autres mots.

Un *simple homme*, est un

Un *homme simple*, est un

2

homme seul, unique :
*Cette personne n'a qu'un
simple valet à son ser-
vice.*

De *simples airs*, sont des airs
qui ne sont point accom-
pagnés *de paroles.*

Unique tableau, est un tableau seul en nombre.

Un *vilain homme*, une *vilaine femme*, c'est un homme
ou une femme désagréa-
ble par la figure, par la
malpropreté, ou mépri-
sable par les manières et
par les vices.

homme qui a de la sim-
plicité : *Les gens* simples
*sont crédules et sans ma-
lice.*

Des *airs simples*, sont des
airs naturels, sans orne-
ments.

Tableau unique, est un tableau incomparable, et le
seul en son genre.

Un *homme vilain*, ou une
femme vilaine, c'est un
homme ou une femme qui
vit très-mesquinement, et
qui épargne d'une ma-
nière sordide.

Il faut pourtant observer
qu'on ne dit pas absolu-
ment un *homme vilain*,
une *femme vilaine*, car
on ne veut marquer ici
que la situation de l'ad-
jectif après le nom ; mais
on dirait : *voilà un homme
bien vilain ; on m'a adressé
à une femme* excessive-
ment *vilaine.*

EXERCICE VIII.

Régime ou complément des adjectifs.

Dire aux élèves d'indiquer les prépositions à mettre entre l'adjectif
et le substantif, prépositions qui ne se trouvent pas dans les
exercices des élèves.

Un ami coupable *d*'ingratitude.

Un innocent prêt *à* mourir.

Un héros digne *de* louange.

Un philosophe ami *de* la vérité.

Un homme capable *de* tout oser.

Un héros comparable *à* Alexandre et *à* César.

Il faut vivre content *de* soi et retiré *en* un lieu sûr.

Ce peuple est impatient *du* joug de l'ennemi.

Ces malheureux sont impatients *de* leur exil.

La noblesse, impatiente *de* gloire, ne demandait qu'à marcher.

Ce livre est agréable *à* lire.

Ce spectacle est étonnant *à* voir.

Cela est triste *à* penser.

Cet homme est aisé *à* vivre

Cet arbre est long *à* croître.

Adolphe est prompt *à* se tromper et lent *à* se repentir.

Croyez un homme qui doit être agréable *à* Dieu.

La vertu est préférable *à* tous les biens.

Ce ministre est plus ambitieux *de* servir son prince que *de* lui plaire.

On est aveugle *sur* ses défauts, clairvoyant *sur* ceux des autres.

Socrate fut célèbre *par* ses vertus; Catilina *par* ses crimes.

Zoroastre fut célèbre par tout l'Orient *pour* sa doctrine et *pour* sa piété.

Cette mer est célèbre *en* naufrages.

Paul est civil *envers* tout le monde, ou *à l'égard de* tout le monde.

Les maximes injustes ne sont pas compatibles *avec* l'esprit de l'Évangile.

Voilà une vérité bien consolante *pour* vous.

Les méchants sont coupables *envers* Dieu des désordres publics.

Ce tyran est cruel *envers* les étrangers.

Tous les grands divertissements sont dangereux *pour* la vie chrétienne.

Cet élève est docile *aux* leçons de ses professeurs.

Cet homme est expert *en* chirurgie.

Ce savant est très-fort *sur* l'histoire.

Damon est heureux *à* la guerre, heureux *du* bonheur des autres, heureux *d'*être dans une honnête indigence.

Alfred est fort ignorant *en* géographie et *sur* les matières dont nous avons parlé.

Ce valet est insolent *en* paroles.

Les âmes basses sont insolentes *dans* la bonne fortune.

Il ne faut jamais être insolent, même *avec* ses inférieurs.

Ce vieillard est respectable *par* son âge et surtout *par* ses vertus.

Ce pays est riche *en* blés, *en* vins, *en* sel.

EXERCICE IX.

Degrés de signification dans les adjectifs.

Dire aux élèves d'indiquer le degré de signification dans les adjectifs suivants.

ADJECTIFS AU POSITIF.

Un enfant *sage* et *laborieux*.

Une armée *forte* et *brave*.

Un homme *avide* de louange.

Un avare *riche* en trésors inutiles.

Un corps de troupes *ardent* à l'attaque.

ADJECTIFS AU COMPARATIF.

Les remèdes sont *plus lents que* les maux.

Le bien est *plus ancien* dans le monde *que* le mal.

C'est bien fait de prier, mais c'est *mieux* fait d'assister les pauvres.

Le naufrage et la mort sont *moins funestes que* les plaisirs qui attaquent la vertu.

Il est *aussi dangereux* pour un tyran de descendre du trône *que* d'en tomber.

Le mauvais exemple nuit *autant* à la santé de l'âme *que* l'air contagieux à la santé du corps.

Ceci est bon, mais cela est *meilleur*.

Cette colonne est *moindre que* l'autre.

Il y a de mauvais exemples qui sont *pires que* les crimes.

ADJECTIFS AU SUPERLATIF.

La plus douce consolation de l'homme affligé, c'est la pensée de son innocence.

La confession est *le plus grand* frein de la perversité humaine.

La prospérité est *la plus forte* épreuve de la sagesse.

La guerre *la plus heureuse* est *le plus terrible* fléau des peuples, et une guerre injuste est *le plus grand* crime des rois.

La pire des bêtes est le tigre, parmi les animaux sauvages; et, parmi les animaux domestiques, c'est le flatteur.

Le plus absolu des monarques est celui qui est *le moins aimé*.

Le style de Fénelon est *très-riche, fort coulant* et *infi-*

2*

niment doux; celui de Bossuet est *extrêmement élevé.*

La superstition est, par rapport à la religion, la fille *très-folle* d'une mère *très-sage.*

Le *plus ingénieux* de tous les maîtres est celui dont les leçons sont *le plus écoutées.*

De toutes ces musiciennes voici celle qui chante *le mieux.*

La lune n'est pas la planète *la plus éloignée* de la terre.

L'adversité est pour l'homme *la meilleure* de toutes les écoles.

EXERCICE X.

Noms et adjectifs de nombre (1).

Dire aux élèves d'indiquer les adjectifs de nombre dans les phrases suivantes, en ayant soin de distinguer les adjectifs de nombre cardinaux des adjectifs de nombre ordinaux.

On voit souvent *deux* (*c*) amis se quereller.

Le *premier* (*o*) point dans une question est souvent le plus essentiel.

Il y a *trois* (*c*) ans que mon ami est mort.

Un roi est presque toujours aimé la *première* (*o*) année de son règne.

Vous avez déjà reçu *quatre* (*c*) avertissements ; au *cinquième* (*o*) avertissement, vous serez expulsé de l'étude.

Cet homme avait déjà reçu *cinq* (*c*) ou *six* (*c*) coups d'épée ; au *septième* (*o*) coup il est resté mort sur la place.

---

(1) Il n'y a pas, à bien dire, de *noms de nombre;* il n'y a que des *adjectifs de nombre :* nous avons conservé ici le mot *noms* par respect pour le texte de Lhomond.

J'ai fait *sept* (c) fois le tour de la place ; je me suis arrêté à la *huitième* (o) fois.

J'ai fait *neuf* (o) lieues de suite, mais je n'ai pu arriver à en faire *dix* (c), *onze* (c) et *douze* (c), comme je l'avais cru.

Un enfant de *treize* (o) ou *quatorze* (c) ans a fait depuis longtemps le *premier* (o) pas dans les études.

C'est aujourd'hui le *sixième* (o) jour de la semaine.

J'ai pris, dans le jardin, *quinze* (c) pommes, *seize* (c) poires, *dix-sept* (c) figues, *dix-huit* (c) prunes, *dix-neuf* (o) abricots, et *vingt* (c) pêches.

Trente (c), *quarante* (c), *cinquante* (c), *soixante* (c) et *soixante-dix* (c) ans ne sont rien en comparaison de l'éternité.

Au *septième* (o), au *huitième* (o) et au *neuvième* (o) siècle, les hommes n'étaient pas aussi éclairés qu'ils le sont au *dix-neuvième* (o) siècle.

Avez-vous *quatre-vingts* (c) arbres dans votre parc ?

Certains hommes, dans le nord, vivent plus de *cent* (c) ans ; mais on n'en a jamais vu *un* seul arriver à *deux cents* (c) ans.

J'ai fait *mille* (c) pas en très-peu de temps.

J'ai tué des *milliers* de mouches importunes.

Il faut *deux douzaines* d'huîtres pour bien ouvrir l'appétit.

Il est *six* (c) heures.

Nous sommes en *mil huit cent cinquante-quatre* (c).

Cet événement est arrivé le *deux* (c) mars ; non, je me trompe, le *quatre* (c) mai.

Nous sommes aujourd'hui le *premier* (o) juin.

Louis *douze* (c) fut surnommé le *Père du peuple*.

Henri *quatre* (c) fut un excellent roi.

Louis *quatorze* (c) a répandu la plus grande gloire sur son règne.

Henri *premier* (o) fut un de nos rois.

Le pape Sixte-*Quint* (c) fut contemporain de Henri *quatre* (1).

Charles-*Quint* (c) vécut dans le même siècle que François (2) *premier* (o).

Ce joueur avait le *huit* (c) et le *dix* (o) de cœur. Il jouait heureusement au *trente* (c) et *quarante* (c).

On m'a livré *deux cents* (c) de paille.

Avez-vous à votre disposition *quatre-vingts* (c) chevaux, *cent quatre-vingts* (c) pièces d'or, *cinq cents* (c) francs en *un* billet ou en plusieurs billets de banque, et *deux cents* (c) francs en menue monnaie ?

On assure que les porte-faix de Constantinople portent des fardeaux de *quatre cent cinquante* (c) kilogrammes pesant.

Nous partîmes *cinq cents* (c), et nous revînmes *cinq mille* (c).

Chapelain, dit Boileau, a fait de méchants vers, *douze* (c) fois *douze cents* (c).

L'an *mil sept cent* (c), il arriva de grands événements.

Alfred a eu *vingt* et *un* (c) ans, ou plutôt *vingt-deux* (c) ans à la Toussaint.

------

(1) On ne dit *Sixte-Quint* que pour le pape Sixte, cinquième du nom ; pour les autres papes, on dit *Grégoire cinq*, etc.

(2) On ne dit *Charles-Quint* que pour le roi d'Espagne, cinquième du nom ; pour le roi de France, il faut dire *Charles cinq*.

Voici le livre des *cent-un* (c) auteurs (1).

La guerre a absorbé bien des *millions*, que dis-je, bien des *milliards*.

Dans un tout il y a *quatre quarts*, *trois tiers* et *deux moitiés*.

J'ai gagné le *double*, le *triple*, le *quadruple* même de ce que j'espérais bénéficier.

J'ai payé aujourd'hui ces marchandises le *centuple* de ce qu'elles valaient il y a *dix* ans.

EXERCICE XI.

Le Pronom.

Dire aux élèves d'indiquer les pronoms dans les phrases suivantes.

Entre *lui* et *moi*, c'est à la vie et à la mort.

Les hommes ne sont jamais d'accord entre *eux*.

Que de contestations les personnes difficiles à vivre ont vu s'élever entre *elles*!

Il est très-facile aux coureurs de lutter entre *eux* de vitesse.

Dire aux élèves de désigner les personnes par l'indication de *première*, *seconde* ou *troisième personne*.

Je (1) *me* (1) hâte d'aller où *je* (1) *vous* (2) ai dit.

Que ferons-*nous* (1), si *vous* (2) ne *nous* (1) venez pas en aide?

(1) Et non des *cent* et *un*.

Je (1) *vous* (2) disais, en parlant d'Alexandre le Grand ; *il* (3) a vaincu Darius.

Toi (2), ma fille, sois toujours sage, et *vous* (2), mes fils, ne suivez que les bons exemples.

Jules, *tu* (2) viens fort à propos, pour *me* (1) tirer d'embarras.

Moi (1) dont *il* (3) déchire la réputation, *je* (1) ne *lui* (3) ai jamais rendu que des services.

Moi (1) faire une lâcheté ! jamais.

Moi (1), *vous* (2) *me* (1) soupçonneriez de *vous* (2) trahir !

Que *vous* (2) reste-t-il ? disait-on à Médée : *Moi* (1), répondit-elle.

PRONOM DE LA PREMIÈRE PERSONNE.

Dire aux élèves d'indiquer et d'analyser les pronoms personnels.

Nous aimons naturellement tout ce qui peut *nous* flatter.

Je pardonne à mon assassin, disait en mourant un prince chrétien.

Je me comporterai toujours en brave et honnête homme (*me* pour *moi*).

Je me dirai sans cesse : sois bon, humain et généreux (*me* pour *à moi*).

Quand *je* viendrai, *je* ferai tout ce qui pourra *me* convenir le mieux (*me* pour *à moi*).

Je ne *m'*explique pas les contradictions qui *me* viennent à l'esprit (*me* pour *à moi*).

Je ne *m'*engagerai pas dans une fausse route (*me* pour *moi*).

PRONOM DE LA DEUXIÈME PERSONNE.

Tu connais la sévérité de ton maître : *tu* dois donc être sage, pour ne pas *t'*exposer à être puni (*t'* pour *toi*).

Aide-*toi ;* le ciel *t'*aidera (*t'* pour *toi*).

Évite tout ce qui peut *te* nuire (*te* pour *à toi*).

Regarde-*toi* dans ce miroir.

Donne-*toi* la peine de m'écouter (*toi* pour *à toi*).

Vous ne savez jamais ce que *vous* voulez.

Vous vous (le dernier pour *à vous*) dites sans cesse que *vous* voulez être heureux ; mais que faites-*vous* pour *vous* assurer ce résultat (le dernier *vous* pour *à vous*) ?

Je vais *vous* expliquer et *vous* démontrer tout ce qu'il y a d'utile dans cette science (*vous* pour *à vous*).

Monsieur, *vous* avez rempli mon désir le plus ardent, et *vous* méritez ma reconnaissance (*vous* pour *tu*, par politesse).

Madame, *vous* êtes bien bonne, et *vous* agissez toujours avec une extrême bienveillance (*vous* pour *tu*).

Mon frère, *vous* avez agi en homme franc et sincère (*vous* pour *tu*).

PRONOM DE LA TROISIÈME PERSONNE.

On a dit de l'homme : *il* tourne à tout vent ; *il* condamne ses propres sentiments ; *il* change d'idée à chaque minute ; tantôt *il* dit blanc et tantôt *il* dit noir.

Cette contrée est magnifique ; *elle* est très-fertile ; *elle* abonde en fruits ; *elle* a de gras pâturages ; *elle* est riche en moissons ; *elle* est un véritable paradis terrestre.

On dit d'un esprit simple : ce n'est pas *lui* qui a inventé la poudre.

Voici notre ami qui arrive : oui, c'est *lui*, c'est bien *lui*.

Cultivons toujours la vertu : c'est *elle* seule qui peut nous rendre heureux ; car c'est *elle* seule qui nous donne la paix de la conscience.

Je dois tout à ma bonne mère : c'est *elle* qui m'a nourri, élevé, instruit ; aussi, je *lui* en témoigne chaque jour ma gratitude (*lui* pour *à elle*).

Quand j'ai vu votre frère, je *lui* ai dit : venez, nous avons à causer ensemble (*lui* pour *à lui*).

Voyez Paul : j'ai beau *lui* recommander d'être plus sage ; il ne suit pas mes avis (*lui* pour *à lui*).

Votre parent est bien estimable : je *le* respecte et je *l'*honore comme mon propre père (*le* pour *lui*).

Cette dame est étrangère : je ne *la* connais pas, je ne *la* fréquente pas ; je ne *la* vois que par hasard (*la* pour *elle*).

Une grenouille vit un bœuf qui *lui* sembla de belle taille (*lui* pour *à elle*).

Toutes nos dames sont réunies : *elles* vont faire de la musique ; puis *elles* danseront ; *elles* passeront avec nous toute la soirée.

Quand je vois des élèves studieux, je *les* récompense toujours, et je *les* engage à persévérer dans le bien (*les* pour *eux*).

Je *leur* conseille d'éviter les mauvais exemples, qui peuvent *leur* être si nuisibles (*leur* pour *à eux*.)

Vos sœurs ne sont pas encore arrivées ; les voici, je

croi....ous, oui, ce sont *elles.* Demandez-*leur* pourquoi ell....ont tant tardé (*leur* pour *à elles*).

....Romains ne respiraient que les combats : ce sont ....qui ont soumis l'univers.

On a souvent besoin d'un plus petit que *soi.*

La plus triste passion, c'est de n'aimer que *soi.*

Il dépend toujours de *soi* d'agir avec honneur.

Avec de l'or, on *se* fait bien des partisans (*se* pour *à soi*).

On *se* fait beaucoup d'ennemis par trop de franchise (*se* pour *à soi*).

Celui qui ne *s'*impose pas l'obligation du travail (*se* pour *à soi*), *s'*expose à être malheureux.

On ne peut perdre les autres sans se perdre *soi-même.*

Injurier les autres, c'est *s'*avilir *soi-même.*

Néron, bourreau de Rome, *en* était l'histrion (*en* pour *d'elle*).

Soyez moins susceptible dans la société; c'est l'affabilité qui *en* fait le charme (*en* pour *d'elle*).

Avez-vous vu des éléphants? J'*en* ai rencontré plusieurs (*en* pour *d'eux* ou *d'entre eux*).

La vie est un dépôt que Dieu nous a confié : *en* disposer sans son ordre, est un crime (*en* pour *d'elle*).

Si la religion était l'ouvrage de l'homme, elle *en* serait le chef-d'œuvre (*en* pour *de lui*).

On ne dira pas, en parlant d'une rivière : son lit est profond, mais le lit *en* est profond (*en* pour *d'elle*).

On dira de la ville : les agréments *en* sont préférables à ceux de la campagne; d'une république : les citoyens *en* sont vertueux; de l'Église : les pasteurs *en* sont charitables (*en* pour *d'elle*).

3

Parmi les morts, a-t-on dit en plaisantant, on n'*en* voit aucun se plaindre du médecin qui l'a tué (*en* pour *d'eux*).

Socrate, Platon et Aristote sont de grands philosophes : on n'*en* voit pas beaucoup de semblables (*en* pour *à eux*).

Savez-vous quels sont les bruits qui circulent ? Je m'*en* suis informé (*en* pour *d'eux*).

En approfondissant les sciences, on *y* fait des découvertes bien importantes (*y* pour *en elles*).

A sa naissance, tout homme apporte dans son cœur une loi qui *y* grave la terreur du crime (*y* pour *en lui*).

Cette affaire n'est pas sans gravité ; j'*y* songerai (*y* pour *à elle*).

Croyez-vous à toutes les rumeurs qu'on fait répandre ? J'*y* crois (*y* pour *à elles*).

Quand on vous annonce des nouvelles certaines et positives, il faut *y* ajouter foi (*y* pour *à elles*).

EXERCICE XII.

Règle des pronoms personnels.

Dire aux élèves de mettre les pronoms au même genre et au même nombre que les personnes.

Une femme disait : *Je* suis *grande, je* suis *forte,* et *je* suis surtout *pleine* de courage.

Un homme peut-il toujours dire : *Je* suis *conséquent* avec moi-même, *indifférent* à l'ambition, *étranger* à l'intrigue, et *jaloux* seulement de la vérité et de la vertu.

Oui, disaient de *bons* laboureurs, *nous* vivons *contents* de peu, et *nous* sommes *heureux* de cette douce médiocrité.

Ces jeunes filles s'écriaient : Que *nous* serions *heureuses* de mériter le prix de sagesse !

Mon fils, *tu* es *diligent* et *studieux* : fais en sorte de ne jamais devenir *oisif* et *paresseux*.

Ma mère, *tu* es si *bonne*, si *généreuse*, si *indulgente*, que je ne saurais t'aimer assez.

Chers élèves, *vous* devez toujours être *exacts* à vos devoirs et *consciencieux* dans la manière de les remplir.

Mesdemoiselles, *vous* devez vous tenir prêtes à partir, et *disposées* à accompagner votre mère, dès qu'elle vous l'aura demandé.

J'ai vu votre parc : *il* est vraiment fort *beau* ; *il* est *plein* d'arbres magnifiques, et *il* est *abondant* en gibier.

Quant à votre maison, *elle* est aussi *belle*, aussi *grande*, aussi *spacieuse* que possible.

Consultez les ouvrages de cet écrivain : *ils* sont *excellents*, *curieux*, *piquants* et de bon goût.

On dit souvent de bien des choses : *elles* ne sont pas aussi *bonnes* qu'on l'aurait cru d'abord ; *elles* sont *trompeuses* et ne brillent que d'un faux éclat.

Pour parvenir à la *vertu*, il faut *la* chercher et ne jamais se lasser de *la* cultiver.

Si vous voulez réussir dans un *dessein*, il faut *le* méditer et ne *le* mettre à exécution qu'après que vous *l'*aurez bien mûri.

Les *pyramides* d'Égypte sont d'une hauteur prodigieuse ; il faut *les* (*f.*) voir, *les* (*f.*) examiner et *les* (*f.*) visiter plusieurs fois pour se faire une juste idée de constructions si gigantesques.

Ces *objets* d'art sont admirables : vous ne *les* (*m.*) payerez jamais ce qu'ils valent, et vous ne *les* (*m.*) trouverez qu'à Paris.

EXERCICE XIII.

Pronoms adjectifs possessifs.

Dire aux élèves d'indiquer et d'analyser les pronoms possessifs.

Agissez toujours bien : c'est le sentiment de *mon* frère et le *mien*.

La maison qui touche à la *mienne* est bien vieille.

C'est *votre* avantage et le *nôtre* de confondre *nos* intérêts.

Je soumets *mon* opinion à la *vôtre*.

En tâchant d'usurper *vos* avantages, ces hommes abandonnent les *leurs*.

De ces deux chevaux, l'un a déjà mangé *son* avoine, et l'autre n'a pas mangé la *sienne*.

Le *tien* et le *mien* sont la source de toutes les divisions et de toutes les querelles.

Pour exprimer les parents, les amis, les partisans des uns et des autres, on dit : moi et les *miens*, toi et les *tiens*, lui et les *siens*, nous et les *nôtres*, vous et les *vôtres*, eux et les *leurs*.

En partageant les malheurs des autres, nous sentons moins les *nôtres*.

Emmenez *votre* cheval, *votre* voiture, *vos* provisions et *vos* bagages.

Notre véritable ami est celui qui ne nous cache ni *nos* défauts ni *nos* imperfections.

EXERCICE XIV.

Pronoms démonstratifs.

Dire aux élèves d'indiquer et d'analyser les pronoms démonstratifs.

Ce qui me plaît dans ce jeune homme, c'est sa modestie.

Ce furent les Phéniciens qui, les premiers, inventèrent l'écriture.

Cet arbre est fort élevé au-dessus des autres.

Cette femme, par ses vertus, est digne de toute mon estime.

Guerriers, *ces* armes vous sont destinées depuis longtemps.

Je ne connais d'avarice permise que *celle* du temps.

Ceux qui font des heureux sont les vrais conquérants.

Héraclite et Démocrite étaient d'un caractère bien différent : *celui-ci* riait toujours, *celui-là* pleurait sans cesse.

Celui-là est véritablement un héros qui sait se vaincre lui-même.

Voici deux chapeaux : mais *celui-ci,* qui est déjà usé, vaut moins que *celui-là,* qui est tout neuf.

Celui-ci meurt dans la prospérité et dans l'abondance ; *celui-là* dans la détresse et dans l'indigence.

Je n'aime pas *ceci,* donnez-moi *cela.*

Que dites-vous de *cela? Cela* est fort beau.

Les personnes les plus vertueuses ne sont pas *celles* qui parlent le plus de leur vertu.

Les hommes les plus braves ne sont pas *ceux* qui vantent sans cesse leur bravoure.

3*

Ceux-là sont vraiment artistes qui ont le génie des arts.

Celles-là sont vraiment mères qui immolent tout à la tendresse maternelle.

EXERCICE XV.

Pronoms relatifs.

Dire aux élèves d'indiquer les pronoms relatifs.

Le premier *qui* fut roi fut un père adoré.

Le premier *qui* versa des larmes fut un père malheureux.

Le tableau *que* j'ai vu à Rome a été peint par Raphaël.

Vous ne pouvez vous faire une idée de toutes les contrariétés *que* j'ai éprouvées.

L'année *qui* vient de finir a été féconde en événements de toutes sortes.

Les heures *que* vous perdez sont cependant bien précieuses.

Les feuilles *qui* tombent des arbres nous annoncent le retour de l'automne.

La brise *qui* vient de la mer nous rafraîchit sur le soir.

Le sage, *dont* la vie entière a été calme et pure, ne redoute pas la mort.

Les fruits, *dont* nous avons chargé nos paniers, sont vraiment tous excellents.

Les larmes, *dont* vous avez honoré la tombe de l'homme vertueux, sont le plus bel éloge de ses qualités.

La prison dans *laquelle* on a renfermé les criminels est peu propice aux tentatives d'évasion.

Le village dans *lequel* je suis né est situé au midi de la France.

Les remparts sur *lesquels* nous avons combattu étaient bien fortifiés.

Les manufactures dans *lesquelles* nous sommes entrés réunissaient un grand nombre d'ouvriers, *dont* nous avons admiré l'habileté.

Dire aux élèves d'indiquer l'antécédent.

L'homme qui conspire contre son pays commet un grand crime.

C'est la *passion* du jeu qui a conduit ce malheureux à sa perte.

La *tour* qui se voit à Pise est inclinée vers le sol.

La *ville* dont les merveilles frappent le plus les yeux est Paris.

Dire aux élèves d'indiquer et d'analyser les pronoms relatifs.

Rome a enfanté des héros *qui* ont porté sa gloire à la postérité, et *qui* ont rendu son nom immortel.

Annibal dressa au consul Marcellus des embûches *qui* le firent périr.

Il n'y a point d'hommes *qui* soient exempts de défauts.

Les personnes les plus spirituelles sont celles *qui* parlent le moins de leur esprit.

Mon enfant, vous avez des qualités *qui* feront le bonheur de vos parents.

Le sage *qui* veut servir de modèle aux autres ne doit faire que de belles actions.

La personne *qui* est entrée ici ne s'est point fait annoncer.

Les vertus *que* nous admirons davantage sont celles *qui* contribuent surtout au bonheur des hommes.

EXERCICE XVI.

Pronoms interrogatifs.

Dire aux élèves d'indiquer et d'analyser les pronoms interrogatifs.

Que vouliez-vous qu'il fît contre trois ? — Qu'il mourût, dit le père des Horaces dans Corneille.

Qui vous a donné ce bouquet ? — Le jardinier.

Quel a été l'homme de guerre le plus étonnant ? — Annibal.

Par *qui* Rome fut-elle fondée ? — Par Romulus.

Qui fut vainqueur à la bataille d'Austerlitz ? — Napoléon.

Quelle fut la première femme ? — Ève.

Quelles sont les meilleures qualités ? — Celles du cœur.

Qui fut surnommé le brave des braves ? — Le maréchal Ney.

EXERCICE XVII.

Pronoms indéfinis.

Dire aux élèves d'indiquer les pronoms indéfinis et d'énoncer pourquoi on les appelle ainsi.

On garde sans remords ce qu'*on* acquiert sans crime.

On relit tout Racine, *on* choisit dans Voltaire.

Si l'on veut vivre tranquille, il faut mépriser les propos des sots et la haine des envieux.

Quiconque attend un malheur certain peut se dire malheureux.

Quiconque est riche est tout, dit l'avare.

Quelqu'un a dit que le soleil est l'âme du monde.

Quelqu'un a-t-il jamais douté sérieusement de l'existence de Dieu ?

J'ai parlé à *quelqu'un*.

Connaissez-vous *quelques-uns* de ces messieurs, *quelques-unes* de ces dames ? — Assurément.

Ces fleurs sont belles ; mais *quelques-unes* ont des épines.

Chacun croit avoir assez de sens commun, bien que ce ne soit pas chose si commune.

Chacun sait avec quel soin les Égyptiens conservaient les corps morts.

Ces tableaux ont *chacun* leur mérite.

Chacun de nous prendra son parti.

L'honnête homme est discret ; il remarque les défauts d'*autrui*, mais il n'en parle jamais.

La générosité souffre des maux d'*autrui*, comme si elle en était responsable.

Ne fais à *autrui* que ce que tu voudrais qui te fût fait à toi-même.

Il ne faut pas désirer le bien d'*autrui*.

Personne ne sera assez hardi pour contredire celui qui ne ment jamais.

Personne ne sait s'il est digne d'amour ou de haine.

Personne n'est aussi heureux que vous.

Je ne dois confier ce secret à *personne*.

Rien n'est plus beau que le pays qui nous vit naître.

Rien n'est plus honteux que le mensonge.

Un *autre* que moi ne vous parlerait pas avec tant de franchise.

Quelque danger que vous couriez, ne craignez rien.

En voici bien d'un (ou d'une) *autre* (1).

Chaque âge a ses plaisirs.

Chaque passion parle un langage différent.

Chacun en parle, *chacun* en raisonne.

Chacun a ses défauts.

Le prix de ces objets est de six francs *chacun* (et non pas *chaque*).

Il n'y a chose *quelconque* qui puisse m'obliger à mentir.

Nul de nous n'envisage la mort de sang-froid.

Nul n'est content de sa fortune.

C'est un testament de *nul* effet, de *nulle* valeur.

Aucun contre-temps ne doit altérer l'amitié.

Il est aussi savant que *pas un*.

Il n'y a *pas un* de ces livres que je n'aie lu.

Pierre et Céphas, c'est le *même* apôtre.

Les *mêmes* vertus qui servent à fonder un empire servent aussi à le conserver.

Ceux qui se plaignent de la fortune n'ont souvent à se plaindre que d'*eux-mêmes*.

Les Romains n'ont vaincu les Grecs que par les Grecs *mêmes*.

Plusieurs se sont trompés en voulant tromper les autres.

---

(1) L'Académie admet les deux locutions.

Tout tombe, *tout* péril, *tout* se confond autour de nous.

Tout l'homme ne meurt pas.

Tout citoyen doit servir son pays.

Toute flatterie blesse la vérité.

Eucharis demeurait *tout* interdite.

La valeur, *tout* héroïque qu'elle est, ne suffit pas pour faire les héros.

Cette femme est *toute* pleine de cœur.

Cette jeune personne est *toute* honteuse de s'être mal exprimée.

Toute autre place qu'un trône eût été indigne de ce roi.

Tout savant que vous êtes, vous ignorez bien des choses.

Toute spirituelle qu'était votre sœur, elle n'en avait pas plus de vanité.

Tel qui rit vendredi dimanche pleurera.

Tel donne à pleines mains qui n'oblige personne.

L'homme craint de se voir *tel* qu'il est, parce qu'il n'est pas *tel* qu'il devrait être.

Tel un lion rugissant met en fuite les bergers épouvantés, *tel* Achille furieux répandait parmi les Troyens la désolation et la mort.

Quel est le prix de l'étude ? — L'instruction.

Quel feu, *quelle* naïveté, *quelle* source de bonnes plaisanteries, *quelle* imitation des mœurs, *quelles* images et *quel* fléau du ridicule !

Quelques crimes toujours précèdent les grands crimes.

Quelques grands avantages que donne la nature, ce n'est pas elle seule qui fait les héros.

Quelque bien écrits que soient ces ouvrages, ils ont peu de succès.

Les choses qui font plaisir à croire seront toujours crues, *quelque* vaines et *quelque* déraisonnables qu'elles puissent être.

Quelle que soit votre intention, *quels que* puissent être vos désirs, *quelles que* paraissent être vos vues, vous ne réussirez pas.

Votre puissance *quelle qu'elle* soit, ne vous donne pas le droit de mépriser les hommes moins puissants que vous.

Quelque grand poëte que soit le Tasse, on peut encore le surpasser.

EXERCICE XVIII.

Le Verbe.

Dire aux élèves d'indiquer les verbes dans les phrases suivantes.

Le rossignol *chante* plutôt la nuit que le jour ; ses accents *sont* variés et mélodieux.

Dieu *étend* sa bonté sur toute la nature : il *est* le père de tous les êtres.

Un homme de guerre *inventa* l'imprimerie, et un moine *découvrit* la poudre à canon.

Les vers, enfants de la lyre, se *chantent* et ne se *lisent* pas.

Charles le Téméraire *mourut* au siége de Nancy.

Dire aux élèves d'indiquer les verbes et d'ajouter les pronoms personnels dans les phrases suivantes.

Les animaux *mènent* une vie toute matérielle ; *ils n'ont* pas la raison ; *ils* ne *possèdent* que l'instinct.

Les plus belles fleurs *naissent* le matin ; *elles meurent* le soir.

Je vais à la rivière pour *chercher* de l'eau ; mais la rivière *gèle*, et *je* ne *puis casser* la glace.

Les fortunes ne *sont* point égales ; *elles diffèrent* beaucoup parmi les hommes.

Les droits de tous les citoyens *sont* égaux ; *ils* ne *dépendent* pas du caprice, mais de la loi.

Dire aux élèves d'indiquer les verbes et les personnes.

Je lisais un livre bien intéressant, lorsque *Paul est venu interrompre* ma lecture.

Ne *vous fiez* pas aux apparences ; *elles sont* souvent trompeuses.

Apprends à *obéir*, si *tu veux commander* aux autres.

Si *Dieu* n'*existait* pas, *il faudrait* l'inventer.

Dire aux élèves d'indiquer les verbes et les nombres.

Ce héros *sait* se *commander* à lui-même ; *c'est* là la plus belle victoire qu'il *puisse remporter.*

Henri IV *voulait* le bonheur de la France ; il *aurait fait* tout pour l'*assurer*, si Ravaillac ne l'*eût assassiné.*

Titus *disait* qu'il *avait perdu* sa journée, quand il *avait laissé passer* un jour sans *faire* du bien à quelqu'un.

Soyez sévères envers vous-mêmes ; vous vous *épargnerez* ainsi bien des remords de conscience, et vous n'en *serez* que plus heureux.

Venez ici, enfant espiègle, et *répondez*-moi : pourquoi *avez*-vous *fait* ce qu'on vous *avait défendu* ?

4

Dire aux élèves d'indiquer les verbes et les temps.

Un incendie *éclate*, il *gagne* les maisons voisines, il les *consume*, il les *dévore* (*présent*).

César *fit* les choses les plus étonnantes ; il *soumit* les Gaules ; il *battit* tous ses ennemis, il *montra* toujours un courage extraordinaire (*passé*).

Les élèves studieux *mériteront* et *obtiendront* des couronnes ; leur maître les *complimentera*, les *félicitera* et leur *adressera* des paroles d'encouragement (*futur*).

REMARQUE. Il n'y a réellement que trois temps : *le présent, le passé, le futur*, puisque la durée, ou le temps, ne peut être divisée autrement.

Dire aux élèves d'indiquer les verbes et les modes.

Un homme qui n'*a* en vue qu'un but honorable n'y *parvient* pas toujours (*indicatif*).

Avec plus d'attention, vous ne *feriez* pas des fautes si fréquentes, et vous ne vous *exposeriez* pas à une punition sévère (*conditionnel*).

Suivez toujours les bons avis, et n'*écoutez* jamais les mauvais conseils (*impératif*).

Je *souhaite* (*indicatif*) que vous *réussissiez*, que vous *parveniez* à votre but, et *que vous* ne vous *laissiez* point surpasser par vos émules (*subjonctif*).

N'*aimer* que soi, *vivre* seulement pour soi, c'est *être* égoïste et *manquer* à tous les devoirs de la société (*infinitif*).

Dire aux élèves d'indiquer à quelle conjugaison appartiennent
les verbes suivants.

PREMIÈRE CONJUGAISON.

Abreuver un cheval.
Implorer son pardon.
Pleurer l'absence d'un ami.
Épouvanter tout le monde.
Indiquer la bonne route.
Consoler sa douleur.
Charmer ses ennuis.

DEUXIÈME CONJUGAISON.

Applaudir un orateur.
Choisir ses amis.
Enfouir son argent.
Mûrir un dessein.
Avertir les élèves.
Éclaircir une chose obscure.

TROISIÈME CONJUGAISON.

Concevoir une espérance.
Apercevoir quelqu'un.
Percevoir un impôt.

QUATRIÈME CONJUGAISON.

Attendre son tour.
Entendre une symphonie.
Vendre son superflu.
Prendre le deuil.
Tordre du linge.

EXERCICE XIX.

Des temps primitifs.

Dire aux élèves d'indiquer l'impératif du verbe dont le professeur aura énoncé le présent de l'indicatif.

J'aime la ville.	*Aime* la ville.
Je finis mon pensum.	*Finis* ton pensum.
Je reçois un ami.	*Reçois* un ami.
Je rends ce que je dois.	*Rends* ce que tu dois.
Je suis heureux.	*Sois* heureux.
J'ai du courage.	*Aie* du courage.
Je sais ma romance.	*Sache* ta romance.
Je vais à Rome.	*Va* à Rome.

REMARQUE SUR LE VERBE *s'en aller*.

Demander aux élèves les temps composés du verbe *s'en aller*.

Je m'en suis allé, tu t'en es allé, il s'en est allé, nous nous en sommes, vous vous en êtes, ils s'en sont allés. *A l'impératif*, va-t-en, qu'il s'en aille, allons-nous-en, allez-vous-en, qu'ils s'en aillent.

Faire observer aux élèves que *en* doit toujours précéder immédiatement l'auxiliaire *être*, dont les temps composés du verbe *aller* sont formés, et qu'il ne faut pas dire, comme on l'entend répéter chaque jour : *Je me suis en allé*, etc. Il n'y a pas, en français, de verbe *enaller*; le *en*, dans le verbe *s'en aller*, doit donc se placer avant l'auxiliaire *être*, comme dans *s'emparer*, etc. : *je m'en suis emparé*, et non : *je me suis en emparé*.

———

Le professeur indiquera le prétérit défini de l'indicatif; l'élève dira l'imparfait du subjonctif.

J'aimai la vertu.	*Que j'aimasse* la vertu.
Je finis ma promenade.	*Que je finisse* ma promenade.

Je reçus de l'argent.	*Que je reçusse* de l'argent.
Je rendis un livre.	*Que je rendisse* un livre.
Je fus heureux.	*Que je fusse* heureux.
J'eus du courage.	*Que j'eusse* du courage.
J'allai à Rome.	*Que j'allasse* à Rome.

Le professeur indiquera le présent de l'infinitif; l'élève dira le futur de l'indicatif.

Aimer ses parents.	*J'aimerai* mes parents.
Finir l'année.	*Je finirai* l'année.
Recevoir un salut.	*Je recevrai* un salut.
Suivre un exemple.	*Je suivrai* un exemple.

Le professeur indiquera le participe présent; l'élève dira l'imparfait de l'indicatif.

Aimant sa patrie.	*J'aimais* ma patrie.
Finissant ses études.	*Je finissais* mes études.
Recevant un prix.	*Je recevais* un prix.
Rendant la monnaie.	*Je rendais* la monnaie.
Ayant du sang-froid.	*J'avais* du sang-froid.
Sachant l'orthographe.	*Je savais* l'orthographe.

Le professeur indiquera le participe présent; l'élève dira le présent du subjonctif.

Agitant un drapeau.	*Que j'agite* un drapeau.
Finissant une lecture.	*Que je finisse* une lecture.
Concevant une idée.	*Que je conçoive* une idée.
Rendant visite.	*Que je rende* visite.

EXERCICE XX.

Verbes irréguliers.

Demander aux élèves le futur de l'indicatif et le conditionnel présent des deux verbes suivants, et faire remarquer l'irrégularité de leur forme.

Envoyer. Fut. j'enverrai. — Cond. j'enverrais.

4*

Renvoyer. Fut. je renverrai. — Cond. je renverrais.

Demander aux élèves à quels temps sont usités les deux verbes suivants.

Résulter, neiger. Ces verbes ne sont usités qu'au présent de l'infinitif et à la troisième personne singulier des autres temps : *Il y a deux jours qu'il* neige. — *Il en* résultera *de grands malheurs.*

Demander et signaler aux élèves tout ce qu'il y a d'irrégulier dans les verbes suivants.

Assaillir. J'assaille ; nous assaillons. — J'assaillais ; nous assaillions. — J'assaillis ; nous assaillîmes. — J'assaillirai. — J'assaillirais. — Assaille ; assaillons. — Que j'assaille ; que nous assaillions. — Que j'assaillisse ; que nous assaillissions. — Assaillir. — Assaillant. — Assailli, assaillie.

Tressaillir. Se conjuge de même, et fait au présent : *il tressaille*, et non : *il tressaillit*, comme l'ont écrit plusieurs auteurs.

Bénir. Signaler les deux participes de ce verbe. Tout ce que les hommes bénissent s'écrit ainsi : un cierge *bénit,* du pain *bénit,* de l'eau *bénite,* des drapeaux *bénits.* Tout ce que Dieu bénit s'écrit ainsi : les armes *bénies* de Dieu ; les princes *bénis* de Dieu.

Des armes qui ont été *bénites* par l'Église ne sont pas toujours *bénies* du ciel sur le champ de bataille.

Bouillir. Je bous, tu bous, il bout ; nous bouillons, vous bouillez, ils bouillent. — Je bouillais ; nous bouillions. — Je bouillis ; nous bouillîmes. — Je bouillirai ; nous bouillirons. — Je bouillirais ; nous bouillirions. — Bous. — Que je bouille, que tu bouilles, etc. — Que je bouillisse; que nous bouillissions. — Bouillir. — Bouillant. — Bouilli, bouillie.

Faillir. Ce verbe n'est en usage qu'au prétérit défini *je faillis; nous faillîmes;* au prétérit indéfini *j'ai failli;* aux temps composés, tant de l'indicatif que du subjonctif, *j'aurais, j'avais, que j'eusse failli,* et à l'infinitif *faillir.* — *Faillant.* — *Failli, faillie.*

Férir. N'est plus en usage que dans cette phrase : *sans coup férir,* sans se battre, sans en venir aux mains.

Féru, participe, se dit au propre pour blessé : *ce cheval a le tendon féru.*

Fleurir. Ce verbe est régulier dans le *sens propre,* c'est-à-dire, quand il signifie *pousser des fleurs, être en fleurs;* et alors il se conjugue comme *finir ;* en ce sens on dit *il fleurissait;* et au participe présent, *fleurissant.*

Dans le *sens figuré,* il signifie être en crédit, en honneur, en vogue, et il fait le plus souvent *florissait* à l'imparfait de l'indicatif, et toujours *florissant* au participe présent.

Quand il s'agit d'un empire, d'un peuple, d'une ville, l'Académie exige *florissait ;* mais elle dit : *les sciences et les arts* florissaient *ou* fleurissaient.

Gésir. Ce verbe, qui n'est plus en usage, signifiait *être couché.* L'Académie ne reconnaît de ce verbe que les formes suivantes : il gît; nous gisons, vous gisez, ils gisent. — Je gisais, tu gisais, il gisait; nous gisions, vous gisiez, ils gisaient. — Gisant.

Haïr. Je hais, tu hais, il hait; nous haïssons, vous haïssez, ils haïssent. — Je haïssais ; nous haïssions. — Je haïs ; nous haïmes. — Je haïrai ; nous haïrons. — Hais ; haïssons. — Que je haïsse ; que nous haïssions. Haïr. — Haïssant. — Haï, haïe.

Le *h* s'aspire dans tous les temps de ce verbe, et il n'a d'irrégularité que dans la prononciation.

Les trois premières lettres de ce verbe forment toujours deux syllabes : *ha-i*, excepté au présent de l'indicatif : *je haïs, tu haïs, il hait*, et à la seconde personne singulière de l'impératif : *haïs*.

Ouïr. L'Académie donne pour le futur *j'oirai*, et pour le conditionnel *j'oirais ;* elle indique aussi les formes *que j'oie* ou *que j'oye ; oyant :* mais elle restreint l'usage de ce verbe, et le borne à l'infinitif et aux temps composés : j'ai, j'avais, j'aurai, que j'eusse *ouï.*

Recouvrir. Ne pas confondre le participe passé de ce verbe *recouvert* (couvert de nouveau) avec le participe passé *recouvré* (retrouvé) du verbe *recouvrer* de la première conjugaison. Les prétérits de ces deux verbes ne doivent pas non plus être confondus ; dites : *il recouvrit* (il couvrit de nouveau) *le toit de sa maison ;* et : *il recouvra* (il retrouva) *la santé, la vue.*

Choir. On fait usage du participe *chu, chue*, mais plutôt en vers qu'en prose, et plus dans le style familier que dans le style sérieux.

Déchoir. Je déchois, tu déchois, il déchoit ; nous déchoyons, vous déchoyez, ils déchoient.—Je déchoyais ; nous déchoyions. — Je déchus ; nous déchûmes. — Je décherrai ; nous décherrons. — Je décherrais ; nous décherrions. — Déchois ; déchoyons. — Que je déchoie ; que nous déchoyions. — Que je déchusse ;

que nous déchussions. — Déchoir. *Point de participe présent.* — Déchu, déchue.

Au futur et au conditionnel, on dit : *je décherrai, je décherrais,* et non pas *je déchoirai, je déchoirais.*

Falloir. Ce verbe n'a ni *impératif* ni *participe présent.*

Pouvoir. Ce verbe n'a point d'*impératif*, et le participe passé *pu* n'a pas de féminin. Le futur *je pourrai* s'écrit avec deux *r* et l'on n'en prononce qu'un.

Prévaloir. Se conjugue comme *valoir :* cependant au présent du subjonctif on dit *que je prévale ; que nous prévalions,* et non pas *que je prévaille ; que nous prévaillions.*

Seoir. Dans la signification d'*être assis*, ce verbe n'est plus en usage ; mais *séant* s'emploie quelquefois comme participe : *La cour impériale de Paris,* séant *à Versailles,* et quelquefois comme adjectif verbal ; et alors il est susceptible de prendre le genre et le nombre : *La cour impériale,* séante *à Paris.*

Sis, sise, son participe passé, n'est plus en usage ; mais ce mot s'emploie comme adjectif, et il signifie *situé, située : un héritage* sis *à Rome ; une maison* sise *à Paris.*

Seoir, dans la signification d'être convenable à la personne, à la condition, au lieu, au temps, etc., n'est plus en usage à l'infinitif ; il ne s'emploie que dans certains temps, et toujours à la troisième personne du singulier ou du pluriel : *il sied, ils siéent, il séyait, il siéra, il siérait ;* il n'a point de temps composés. Au subjonctif, on dit : *qu'il siée, qu'ils siéent,* et au participe présent *séyant.*

Vouloir. Ce verbe semble avoir deux impératifs : l'un peu usité, *veux, voulons, voulez*, que l'on emploie seulement, d'après l'Académie, dans certaines occasions très-rares, où l'on s'engage à s'armer d'une volonté ferme : l'autre, qui n'est d'usage qu'à la seconde personne du pluriel *veuillez*, expression très-usitée, et qui signifie, d'après l'Académie, *ayez la bonté de.*

Absoudre. J'absous, tu absous, il absout ; nous absolvons, vous absolvez, ils absolvent. — J'absolvais ; nous absolvions. *Point de prétérit défini.* — J'absoudrai ; nous absoudrons. — J'absoudrais ; nous absoudrions. — Absous ; absolvons. — Que j'absolve ; que nous absolvions. *Point d'imparfait du subjonctif.* — Absoudre. — Absolvant. — Absous, absoute.

Braire. Ce verbe ne s'emploie qu'au présent de l'infinitif *braire;* aux troisièmes personnes du présent et du futur de l'indicatif, *il brait, ils braient, il braira, ils brairont;* et aux troisièmes personnes du conditionnel, *il brairait, ils brairaient.*

Bruire. Ce verbe n'est guère en usage qu'à l'infinitif et aux troisièmes personnes de l'imparfait de l'indicatif, où l'on dit : *il bruyait, ils bruyaient.*

Bruire n'a ni temps composés, ni participe présent, ni participe passé. *Bruyant* est un adjectif verbal : *Les flots* bruyants, *la foudre* bruyante *dans la nue.*

Clore. Ce verbe n'a que quatre temps simples : l'indicatif présent, *je clos, tu clos, il clot;* point de pluriel. — Le futur, *je clorai.* — Le conditionnel présent,

je clorais. — Le participe passé, *clos, close;* et dès
lors tous les temps composés.

Conclure. Aux deux premières personnes plurielles de
l'imparfait de l'indicatif et du présent du subjonctif,
on met un tréma sur l'*i* (*nous concluïons, vous con-
cluïez,* que nous *concluïons,* etc.), pour empêcher
qu'on ne prononce *nous conclui-ons, vous conclui-ez.*

Dire. — *Ses composés.* De tous les composés de *dire,* il n'y
a que le verbe *redire* qui se conjugue absolument
de même; ainsi, à la seconde personne plurielle du
présent de l'indicatif il fait *vous redites,* et à l'impératif *redites.*

À l'égard des verbes *dédire, contredire, interdire,
médire, prédire,* on doit écrire et prononcer : *vous
dédisez, vous contredisez, vous interdisez, vous mé-
disez, vous prédisez.*

Le verbe *maudire* fait *je maudis; nous maudissons, vous maudissez, ils maudissent. Je maudissais,*
etc. *Maudissons, maudissez, qu'il maudisse,* etc.
Maudissant. Dans les autres temps, *maudire* se conjugue comme *dire.*

Dissoudre. Ce verbe se conjugue comme *absoudre,* qui
n'a ni prétérit défini, ni imparfait du subjonctif. Il
a pour participe *dissous* au masculin et *dissoute* au
féminin. Ne pas confondre ce participe avec l'adjectif *dissolu,* qui signifie *impudique.* Une société *dissoute* (rompue) n'est pas une société *dissolue* (impudique).

Luire. Je luis, tu luis, il luit; nous luisons, vous luisez,
ils luisent. — Je luisais; nous luisions. — Je luirai;

nous luirons. — Je luirais ; nous luirions. — Que je luise ; que nous luisions. — Luire. — Luisant. — Lui.

Ce verbe n'a ni *prétérit défini*, ni *impératif*, ni *imparfait du subjonctif*, et son *participe passé* n'a pas de féminin. Les temps composés se forment avec l'auxiliaire *avoir*.

Nuire. Le participe passé *nui* n'a point de féminin.

Oindre. J'oins, tu oins, il oint ; nous oignons. — J'oignais. — J'oignis. — J'ai oint. — J'oindrai. — J'oindrais. — Oins ; oignez. — Que j'oigne ; que nous oignions. — Que j'oignisse. — Oignant. — Oint, ointe.

Résoudre. Au participe passé ce verbe fait *résolu, résolue,* et *résous.* Dans le sens de *décider une chose douteuse,* on se sert du participe *résolu, résolue* : ce jeune homme a *résolu* de changer de conduite. En parlant des choses *qui se changent en d'autres choses,* on se sert du participe passé *résous.* Ainsi : Le soleil a *résous* le brouillard en pluie. — *Résous* n'a point de féminin.

Traire. Je trais, tu trais il trait ; nous trayons, vous trayez, ils traient. — Je trayais ; nous trayions. *Point de prétérit défini.* — Je trairai ; nous trairons. — Je trairais ; nous trairions. — Trais ; trayez. — Que je traie. *Point d'imparfait du subjonctif.* — Traire. — Trayant. — Trait, traite.

Vivre. Le participe passé *vécu* n'a point de féminin.

EXERCICE XXI.

Accord des verbes avec leur nominatif ou sujet.

Dire aux élèves d'indiquer les nominatifs ou sujets, et le signe auquel on peut les reconnaître.

(C'est en faisant la question : *Qu'est-ce qui ?*

La *haine* veille et l'*amitié* s'endort.

Patience et *succès* marchent toujours ensemble.

Virgile est le prince des poëtes latins.

Démosthène est le premier des orateurs grecs.

Les *éléphants* sont des animaux fort intelligents.

Les *loups* sont des animaux carnassiers.

———

Dire aux élèves d'indiquer et d'analyser les verbes.

Je *suis* tout à votre service (*singulier* 1re *pers.*)

Tu *viens* ici nous distraire (*sing.* 2e *pers.*)

Mon frère *cultive* la vertu (*sing.* 3e *pers.*)

Nous *allons* à la campagne (*pluriel* 1re *pers.*)

Vous vous *rendez* tous deux à la ville (*plur.* 2e *pers.*)

Mon ami, vous n'*êtes* pas assez actif (*plur. par politesse,* 2e *pers.*)

Ces chasseurs *sont* fort nombreux (*plur.* 3e *pers.*)

Le vautour et le milan *sont* des oiseaux de proie (*plur.* 3e *pers.*)

La justice et la vérité *méritent* vos hommages (3e *pers. plur. à cause des deux sujets*).

Tous les verbes sont au présent de l'indicatif.

———

5

Dire aux élèves d'indiquer et d'analyser les verbes:

Vous et moi nous *avons* assez de loisir (1re *pers. plur.*)

Vous et votre frère vous *allez* à la campagne (2e *pers. plur.*)

Vous et vos cousins vous *chantez* fort bien (2e *pers. plur.*)

Vous et moi nous *partons* pour l'Espagne (1re *pers. plur.*)

Tous les verbes sont au présent de l'indicatif.

EXERCICE XXII.

Régime des verbes actifs.

Dire aux élèves d'indiquer et d'analyser les verbes actifs.

La nation française *commande* (3e *pers. sing. prés. indic.*) l'admiration des peuples.

J'ai *parcouru* l'Europe, l'Asie, l'Afrique et l'Amérique, et j'ai *recueilli* (1re *pers. prét. indéfini*), dans mes voyages, des observations intéressantes sur les peuples qui *habitent* (3e *pers. plur. prés. indic.*) ces diverses parties du monde.

Christophe Colomb, qui *avait découvert* (3e *pers. sing. plus-que-parfait indic.*) l'Amérique, ne *recueillit* pas le fruit de ses longs travaux; il ne *trouva* (3e *pers. sing. prétérit défini*) que l'ingratitude, et des chaînes *accablèrent* (3e *pers. plur. prétérit défini*) ces mains qui *avaient guidé* (3e *pers. plur. plus-que-parfait indic.*) les vaisseaux espagnols à travers les flots, et qui *avaient conquis* (3e *pers. plur. plus-que-parfait indic.*) le nouveau monde.

Dire aux élèves d'indiquer et d'analyser les régimes directs ou indirects des verbes suivants.

Une partie de l'Arabie produit *les parfums* les plus délicieux ; nous *l'*appelons l'Arabie heureuse, bien que les Arabes ignorent *cette division* de leur pays.

J'ai donné *des récompenses aux élèves* les plus studieux : je *les* ai engagés à *se* livrer *au travail* et à *tout* faire pour mériter chaque année *des prix* et *des couronnes*.

Informez *votre père du danger* qui *le* menace, et avertissez-*le des embûches* qu'on pourrait *lui* tendre. Il ne faut pas qu'il expose *ses jours à des périls* certains, et *auxquels* il ne pourrait *se* soustraire, s'il n'*en* avait point eu *connaissance*.

N'oublions pas de remercier *le ciel des bienfaits* qu'il *nous* accorde ; sans cela nous serions indignes *de ces bienfaits*.

EXERCICE XXIII.

Régime des verbes passifs.

Dire aux élèves d'indiquer ce régime et d'énoncer quand il faut employer la préposition *par*, et quand il faut se servir de la préposition *de*.

S'il s'agit d'une action à laquelle l'esprit ou le corps a seul part, faites usage de la préposition *par*.

Les bombes furent inventées *par Gallen*, évêque de Munster, vers le milieu du seizième siècle.

Le monde entier fut soumis *par les Romains*.

Les Indes furent subjuguées *par Bacchus*.

Les rayons du soleil furent dérobés *par Prométhée*.

Quand il s'agit d'un sentiment, d'une passion ou d'une opération de l'âme, employer la préposition *de*.

L'honnête homme est estimé *de ceux* même qui n'ont pas de probité.

L'écrivain de talent est aimé *de tous ceux* qui le connaissent.

Le tyran est détesté *de tous ceux* qui le craignent.

Le bon citoyen est estimé *de ses compatriotes*.

Les verbes passifs s'emploient souvent sans régime.

Le temple de Jérusalem *fut détruit*, malgré la défense de Titus.

Troie *fut renversée*, malgré la protection de Vénus.

EXERCICE XXIV.

Verbes neutres.

Dire aux élèves d'indiquer et d'analyser les verbes neutres.

Ce navigateur *est tombé* (3ᵉ *pers. sing. prétérit indéfini*) de Charybde en Scylla.

Rien ne doit *plaire* (*prés. de l'infinitif*) aux hommes plus que la vertu.

L'exercice de l'escrime vous *convient* (3ᵉ *pers. sing. prés. indic.*) sous tous les rapports.

Sachez *profiter* (*prés. de l'infinitif*) pour l'avenir des leçons du passé.

Les bonnes lois *contribuent* (3ᵉ *pers. plur. prés. indic.*) au bonheur des peuples.

Il faut *user* (*prés. de l'infinitif*) sagement de sa liberté.

L'athlète le plus vigoureux ne doit pas *abuser* (*prés. de l'infinitif*) de ses forces.

Numa Pompilius *succéda* (3e *pers. sing. prétérit défini*) à Romulus.

Ce malheureux *est mort* (3e *pers. sing. prétérit indéfini*) de misère et de faim.

EXERCICE XXV.

Le Participe.

Dire aux élèves d'indiquer les participes.

Les guerres civiles sont affreuses ; on y voit le fils *s'armant* contre le père, les frères *s'entr'égorgeant*, et *combattant* pour obtenir une victoire *détestée*.

J'ai vu une mère *caressant* son fils et lui *prodiguant* les soins les plus tendres.

Les peuples *corrompus* par la mollesse, *enivrés* par les plaisirs et *privés* de toute énergie morale et physique, passent bientôt sous le joug de leurs ennemis.

Cette ville aujourd'hui *pillée*, *incendiée*, *détruite*, était autrefois belle et florissante.

Dire aux élèves de mettre au pluriel les phrases suivantes.

Le laboureur *cultivant* les champs.	Les laboureurs *cultivant* les champs.
Le milan *déchirant* la colombe.	Les milans *déchirant* la colombe.

5*

Le rossignol *chantant* délicieusement.	Les rossignols *chantant* délicieusement.
L'oiseau *voltigeant* dans l'air.	Les oiseaux *voltigeant* dans l'air.
Un élève *s'adonnant* au travail.	Des élèves *s'adonnant* au travail.
Une jeune fille *s'occupant* de broderie.	Des jeunes filles *s'occupant* de broderie.

Dire aux élèves d'indiquer la différence entre les participes présents et les adjectifs verbaux.

ADJECTIFS VERBAUX.	PARTICIPES PRÉSENTS.
Des hommes *prévoyants*.	Des hommes *prévoyant* le danger.
Des enfants *caressants*.	Des enfants *caressant* leur mère.
Des reptiles *rampants*.	Des reptiles *rampant* sur la terre.
Une question *embarrassante*.	Des questions *embarrassant* l'esprit.
Un guerrier *menaçant*.	Des guerriers *menaçant* leurs ennemis.
Des amis *obligeants*.	Des amis *obligeant* leurs amis.
Des personnes *prévenantes*.	Des personnes *prévenant* vos désirs.
Des enfants *contrariants*.	Des enfants *contrariant* tout le monde.
Des paroles *blessantes*.	Des paroles *blessant* l'amour-propre.

Dire aux élèves d'indiquer les participes passés.

Des remparts *détruits*, des villes *forcées*, des hommes *emmenés* captifs, des enfants *arrachés* à leur mère, des maisons *incendiées* et *pillées* : voilà les horreurs que présente la guerre.

Les arts *inventés* pour charmer l'existence sont un doux présent du ciel.

Les méchants ne peuvent demeurer *unis*.

Nous sommes *contraints* et *forcés* d'entreprendre un long voyage.

Mesdames, êtes-vous bien *persuadées* de la nécessité de passer l'hiver à Paris?

Les moissons ont été *ravagées* par un ouragan furieux.

Les arbres ont été *brisés* et *déracinés* par les vents.

Les fruits ont été *dévorés* par les oiseaux.

Les voyageurs ont été *transportés* à toute vapeur de Paris à Orléans.

La locomotive a été *brisée* en route.

Certaines personnes *se sont imaginé* qu'elles possédaient la science universelle (*ont imaginé en elles*).

Sept rois *se sont succédé* à Rome (*ont succédé à eux*).

Ces hommes *se sont mis* en tête de lutter entre eux de sottise (*ont mis à eux*).

———

Les philosophes nous ont *donné* de sages préceptes : ils ont *été* les premiers à nous enseigner les vérités les plus sublimes.

Quelques poëtes ont *abandonné* les muses pour la philosophie.

Homère et Virgile ont *trouvé* des inspirations vraiment poétiques.

Ma mère et mes sœurs ont *instruit* mon plus jeune frère.

Les hommes ont *découvert* plus d'un secret de la nature.

Jamais un général n'a *abandonné* ses soldats dans le péril.

Raphael nous a *laissé* bien des chefs-d'œuvre.

Ces dames ont *exécuté* avec beaucoup de talent une ouverture d'opéra.

Dire aux élèves d'indiquer et d'analyser les régimes et les participes.

Les véritables trésors sont ceux *qu'*on a *donnés*.

Pierre le Grand a forcé la nature, mais il *l'*a *forcée* pour *l'*embellir. Les arts *qu'*il a *transplantés* de ses mains dans des pays sauvages, ont éternisé sa mémoire.

Les missives *que* vous m'avez *expédiées*, je *les* ai *parcourues*.

Les préceptes *que* vous m'avez *enseignés*, je *les* ai *pratiqués*.

Que (pour *combien*) de vertus n'avez-vous pas *louées*, *que* (pour *combien*) de vices n'avez-vous point *blâmés* !

Les complots *qu'*un œil vigilant a *découverts* menaçaient la sûreté de l'État.

Quels projets plus bizarres les uns que les autres n'avez-vous pas *formés* !

Il y a dans toutes ces phrases accord du participe avec son régime, parce que ce régime précède le participe avec le verbe *avoir*.

Ce général a *envoyé* ses instructions à ses principaux officiers.

Le Tasse et l'Arioste ont *illustré* l'Italie.

Vous avez *payé* ces livres beaucoup trop cher.

Ma mère et ma sœur ont *parcouru* tout le pays voisin.

Le philosophe a *promené* plus d'une fois ses rêveries dans cette sombre forêt.

De tout temps Melpomène a *présidé* à la tragédie.

Point d'accord de participe dans ces phrases.

———

Les liqueurs que j'ai *vu* verser à des convives.

Les paysans que j'ai *vu* piller par des voleurs.

La femme que j'ai *vu* peindre par un artiste italién.

Les tragédies que j'ai *vu* jouer par d'excellents acteurs.

Les secours que j'ai *entendu* offrir à des malheureux.

Les présents que j'ai *vu* proposer à cette femme.

Les offres de service que j'ai *vu* faire à ces négociants.

La grande inondation qu'il y a *eu.*

La grande sécheresse qu'il a *fait.*

La disette qu'il y a *eu* pendant l'hiver.

Il s'est *glissé* une faute.

Il s'est *trouvé* dix personnes chez moi.

Les maisons qu'il a *fait* construire.

Les cent francs qu'il m'a *fallu* pour payer ce compte.

Les vingt mille francs que cette maison m'a *coûté.*

Les efforts et la peine que ce travail m'a *coûté.*

Alexandre a fait plus d'exploits que d'autres n'en ont *lu.*

Pour arriver à son but il a fait moins d'efforts que d'autres n'en ont *tenté.*

Les cent livres que ce ballot a *pesé.*

La somme que cela m'a *valu.*

Il a fait toutes les démarches qu'il a *pu.*

Les victoires que j'ai *supposé* que ce général rempor-terait.

La direction que j'ai *cherché* à donner à votre affaire.

Leur maison n'est pas aussi belle que je l'avais *cru*.

Le peu d'instruction qu'il a *eu* lui a été funeste.

Un de mes frères que j'ai *rencontré*.

Point d'accord de participe dans ces phrases.

EXERCICE XXVI.

La Préposition.

Dire aux élèves d'indiquer les prépositions.

Le titre *de* conquérant n'est écrit que *sur* le marbre ; le titre *de* père du peuple est gravé *dans* les cœurs.

Le livre *de* Pierre est très-instructif. — Je viens *de* Rome, ville *d'*Italie. — Une étoffe *de* laine est fort chaude. — Parlons *de* cette affaire. — Si je vais *à* Naples, ce sera surtout *pour* admirer son beau ciel.

Dire aux élèves d'indiquer le régime de la préposition.

La Seine a sa source en *Bourgogne*.

Je suis chargé de l'*affaire* la plus importante.

Je me rends à *Varsovie* pour les *négociations* dont je vous ai parlé.

Ils marchèrent deux à *deux*, pas à *pas*.

Il faut travailler à *modérer* ses passions.

Dire aux élèves d'indiquer les prépositions qui marquent le lieu.

Il se répand *autour* des trônes certaines terreurs qui empêchent de parler aux rois avec liberté.

Que de restitutions, de réparations la confession n'oblige-t-elle pas de faire *chez* les catholiques !

Le bonheur et la gaieté habitent un toit rustique ; ils s'égarent *dans* les châteaux.

Dans la prospérité il est agréable d'avoir un ami ; *dans* le malheur c'est un besoin.

L'homme, *dès* sa naissance, a le sentiment du plaisir et de la douleur.

Devant le temps passent rapidement toutes les générations.

Corneille a laissé bien loin *derrière* lui tous les poëtes qui l'ont précédé.

Le plaisir d'obliger élève l'homme *au-dessus* de lui-même.

L'héroïsme de la bonté est d'aimer *jusqu'à* ses ennemis.

C'est une des miséricordes de Dieu de semer des amertumes et des dégoûts *parmi* les douceurs trompeuses du monde.

L'horreur que les Perses avaient pour le mensonge fit qu'il passa toujours *parmi* eux pour un vice honteux et bas.

La maison de mon père est tout *proche* de la vôtre.

L'art est toujours *auprès* de la nature.

La roche tarpéienne est *près* du Capitole.

Le vice est si hideux qu'il n'ose se produire que *sous* les traits de la vertu.

Les grands seraient inutiles *sur* la terre, s'il ne s'y trouvait des pauvres et des malheureux.

Écrivez les injures *sur* le sable et les bienfaits *sur* l'airain.

Dire aux élèves d'indiquer les prépositions qui marquent l'ordre.

La conscience nous avertit en ami *avant* de nous punir en juge.

Je crains Dieu, et *après* Dieu, je crains surtout celui qui ne le craint pas.

L'homme est placé libre *entre* le vice et la vertu.

Quelle distance *depuis* l'instinct d'un Lapon ou d'un nègre jusqu'à l'intelligence d'un Archimède ou d'un Newton !

Dire aux élèves d'indiquer les prépositions qui marquent l'union.

Le mortel heureux contracte une dette *avec* le malheur.

Si jamais on peut dire que la voie du chrétien est étroite, c'est *durant* les persécutions.

La vraie gloire est le partage d'un monarque qui *pendant* un règne orageux s'est occupé avec succès du bonheur de son peuple.

Outre l'estime de soi-même, qui est elle seule un si grand bien, l'honnête homme a de plus l'estime et la confiance universelles.

La terre, cette bonne mère, multiplie ses dons *selon* le nombre de ses enfants qui méritent ses fruits par leur travail.

Les talents produisent *suivant* la culture.

Dire aux élèves d'indiquer les prépositions qui marquent la séparation.

Point de vertu *sans* religion, point de bonheur *sans* vertu.

Il faut être toujours prêt à servir ses amis, *excepté* contre sa conscience.

Hors l'Église romaine, toutes les autres sympathisent avec les incrédules.

Si tous les livres devaient être brûlés *hormis* un seul, lequel voudriez-vous conserver? — L'Évangile.

On peut tout sacrifier à l'amitié, *sauf* l'honnête et le juste.

L'homme, *vu* sa faiblesse et la longueur de son enfance, n'a jamais pu être absolument sauvage.

Dire aux élèves d'indiquer les prépositions qui marquent l'opposition.

Un conquérant est un homme que Dieu, irrité *contre* le genre humain, a donné à la terre dans sa colère.

La loi ne saurait égaler les hommes *malgré* la nature.

La vérité, *nonobstant* le préjugé, l'erreur et le mensonge, se fait jour et perce à la fin.

Dire aux élèves d'indiquer les prépositions qui marquent le but.

L'humanité *envers* les peuples est le premier devoir des rois.

Celui qui a besoin de conseils *concernant* la probité, ne mérite pas qu'on lui en donne.

6

Votre ami m'a dit quelques mots *touchant* son affaire.

Il ne faut qu'un soupir de l'innocent opprimé *pour* remuer le monde.

C'est *loin* de la foule que se retirent la sagesse et la vérité.

Par delà tous ces cieux le Dieu des cieux réside.

Le génie et la vertu marchent *à travers* les obstacles.

Quelque soin que l'on prenne de couvrir ses passions par des apparences de piété et d'honneur, elles paraissent toujours *au travers* de ces voiles.

Juger les autres en toute rigueur, se pardonner tout à soi-même : *voilà* deux mortelles maladies qui affligent le genre humain.

Silence! silence! *voici* l'ennemi, disait le grand Condé à l'auditoire, quand Bourdaloue montait en chaire.

Dire aux élèves d'indiquer les prépositions qui marquent la cause et le moyen.

L'ennui est entré dans le monde *par* la paresse.

L'homme de bien, *moyennant* une conduite égale et simple, se fait chérir et honorer partout.

C'est pour l'espèce humaine une loi de nature d'être secourable, *attendu* que tout homme a besoin de secours.

EXERCICE XXVII.

L'Adverbe.

Dire aux élèves d'indiquer les adverbes.

Henri IV etait *vraiment* digne d'être assis sur le trône de France ; il était *continuellement* occupé de la prospérité de ses États; il avait *éminemment* le caractère d'un bon roi; son nom vivra *très longtemps.*

Ce jeune homme se conduit *sagement.*

Voilà une affaire dont les hommes parlent bien *différemment.*

Paul a *infiniment* d'esprit et *beaucoup* d'amour-propre.

Cette liqueur sent *bon.*

Aujourd'hui cette femme chante *juste;* autrefois elle chantait *faux.*

———

Dire aux élèves d'indiquer les locutions adverbiales.

Dans peu je serai de retour de mon voyage.

A tort ou *à raison* l'homme accuse la fortune.

J'avais les pieds *en haut* et la tête *en bas.*

Je cours *à la hâte* pour savoir ce que vous me voulez, et je m'en retourne *sur-le-champ.*

Je suis *tout à fait* remis de mon indisposition.

Sans doute vous réussirez dans votre entreprise.

Venez chez moi *tout de suite.*

Il est venu à la campagne plusieurs jours *de suite.*

Ils se surpassent *à l'envi* les uns des autres.

Nous ne nous attendions à rien : *tout d'un coup* a retenti un bruit épouvantable.

Si vous avez bien pris vos mesures, *à coup sûr* vous parviendrez à votre but.

———

Dire aux élèves d'indiquer et d'analyser les adverbes de manière.

Il faut toujours agir *sagement* et parler aussi *clairement* que possible.

Une personne sage et *parfaitement* prudente ne dit rien sans en avoir examiné *soigneusement* la valeur.

J'ai fait *consciencieusement* tout ce que je devais faire.

Dire aux élèves d'indiquer les adverbes qui marquent l'ordre.

Il faut *premièrement* faire son devoir ; *secondement*, il ne faut prendre que des plaisirs permis.

On admire *d'abord* un beau tableau ; on demande *ensuite* de quel peintre il est ; on l'achète *après*.

Dire aux élèves d'indiquer les différents adverbes qui marquent le lieu, le temps, la quantité, la comparaison, et les adjectifs employés comme adverbes.

Venez *ici*, allez *là*, courez *partout*.

Il ne faut pas être ni trop *près*, ni trop *loin*, mais assez *proche* pour avoir un beau point de vue.

Devant moi, *derrière* moi, je ne vois que dangers.

Vous me disiez que la table était bien servie : je ne vois rien ni *dessus* ni *dessous*.

Aujourd'hui je me suis levé de bonne heure ; *présentement* je me promène, et *bientôt* je rentrerai à la maison.

Jadis, au *temps passé*, on était plus simple que *maintenant*.

Vous lisez *toujours* et vous n'écrivez *jamais*.

Assez de réflexions, *trop* de paroles, *peu* de sagacité, *beaucoup* d'amour-propre, *bien* des phrases inutiles, *fort* beau début, *très*-belle conclusion, au *plus* haut de l'échelle, *tant* de jactance.

Cet homme est bon *comme* votre frère.

De même qu'un orage éclate dans l'air, *ainsi* le trouble s'élève dans la conscience.

Vous êtes *plus* prudent mais *moins* habile que ne le fut votre père.

Autant vaut mourir que de vivre déshonoré.

Votre sœur est *bien* malade ; elle est, à cette heure, *beaucoup mieux* que tantôt.

Ce que vous faites est *bien mieux* ; ce que vous aviez fait était *bien pis*.

Je n'ai pas vu *clair* dans toute cette affaire, et je suis resté *court*, quand j'ai voulu prendre la parole.

Jamais je n'ai entendu chanter si *juste* ni parler plus *bas* que ne le fait votre cousine.

Si vous voulez faire ce carambolage, il ne faut pas prendre la bille trop *fin*.

Il faut souvent frapper *fort* pour frapper *juste*.

EXERCICE XXVIII.

De la Conjonction.

Dire aux élèves d'indiquer les diverses conjonctions.

Le sage respecte *et* les mœurs *et* les lois.

Ni l'or *ni* la grandeur ne nous rendent heureux.

Est-ce votre avis? c'est *aussi* le mien.

Je pense *que* vous ferez bien d'aller entendre ce prédicateur.

Il y a un avantage réel à être instruit ; *mais* il ne faut pas que cet avantage inspire de l'orgueil.

6*

J'ai fait une promenade ; *cependant* j'avais résolu de rester chez moi.

Je vais vous quitter ; *néanmoins* je vous reverrai bientôt.

Vous n'admirez pas Racine : c'est *pourtant* un bien grand poëte.

Ou vous ferez telle chose, *ou bien* vous ne la ferez pas : choisissez.

Je ne puis rester sans m'occuper *soit* d'une affaire, *soit* d'une autre.

Soyez charitable ; *sinon* Dieu vous punira.

Quoique vous soyez bien jeune, il ne faut pas négliger l'étude pour le plaisir.

L'homme est incertain dans ses résolutions ; *tantôt* il veut une chose, *tantôt* il en veut une autre.

Ainsi que le lion furieux s'élance sur sa proie, *ainsi* ce guerrier se précipitait sur l'ennemi.

Les peuples, *comme* les hommes, ne peuvent être heureux que dans un état de calme et loin des grands efforts que supposent de grands besoins.

Il y a des héros en mal *comme* en bien.

Le philosophisme est l'abus de la philosophie, *comme* la superstition est l'abus de la religion.

De même que le soleil brille sur la terre, *de même* le juste brillera dans les cieux.

L'oisiveté étouffe les talents et *de plus* engendre les vices.

La plupart des parvenus sont fiers et pleins d'arrogance ; ils sont *d'ailleurs* brutaux et insolents.

Rien n'est plus amusant que l'histoire ; *outre que* l'on

y trouve d'excellentes instructions sur la politique, elle renferme *encore* d'utiles leçons de morale.

Paul a véritablement quelques défauts ; *au surplus*, il est honnête homme.

Je ne l'ai pas trouvé ; *car* il n'était pas chez lui.

Je vous retire ma confiance, *parce que* vous m'avez manqué de parole.

Puisque vous ne voulez pas venir, je pars sans vous.

Je ne viens pas vous prier de pardonner à votre fils, *vu que* ce serait en vain.

Je ne vous engage point à dîner pour demain, *attendu que* je dîne moi-même en ville.

Dieu nous a donné la raison, *afin qu*'elle nous serve de guide dans la vie.

Je viens vous chercher *pour que* nous allions ensemble chez le ministre.

Ne faites jamais une mauvaise action, *de peur que* vous n'ayez à vous en repentir.

On doit rechercher ce qui peut rendre heureux : *or*, la vertu rend heureux ; *donc* il faut rechercher la vertu.

Je n'ai plus rien à dire : *ainsi*, faites comme vous l'entendrez.

Je ne me suis pas laissé prendre au piége qu'il me tendait, *de sorte qu*'il a été trompé lui-même en voulant me tromper.

Lorsque vous arriverez à Florence, j'en serai parti.

Quand vous avez voyagé en Espagne, vous avez parcouru toute l'Andalousie.

Dès que j'ai appris que votre maison était en flammes, je suis accouru pour contribuer à éteindre l'incendie.

Je vous croyais bien loin, *tandis que* vous étiez tout près.

Si vous ne me croyez pas, consultez des gens plus éclairés.

Supposé que je vous vienne en aide, m'en aurez-vous de la reconnaissance ? — Assurément.

Pourvu que vous agissiez convenablement, jamais vous ne serez blâmé.

En cas que vous ne partiez pas aujourd'hui, ne manquez pas de vous mettre en route demain.

———

Dire aux élèves de distinguer la conjonction *que* du *que* relatif.

Il ne faut pas *que* (*conj.*) vous preniez pour ami l'homme *que* (*rel.*) vous méprisez.

On dirait *que* (*conj.*) vous avez peur de la personne *que* (*rel.*) je vous ai amenée.

On assure *que* (*conj.*) vous êtes fier des richesses *que* (*rel.*) vous possédez.

Ne doit-on pas supposer *que* (*conj.*) l'homme du monde réunit toutes les qualités *que* (*rel.*) chacun aime à trouver en lui ?

Il est nécessaire *que* (*conj.*) le méchant subisse le châtiment *que* (*rel.*) Dieu lui réserve.

Ne croyez pas *que* (*conj.*) les qualités *que* (*rel.*) vous avez vous rendent un homme accompli.

Prouvez-nous *que* (*conj.*) les biens *que* (*rel.*) vous possédez vous viennent d'une succession ou de plusieurs héritages.

———

Dire aux élèves d'indiquer les différents sens de la conjonction *que*.

Il est plus heureux *que* sage. (*Que* lie les deux termes de la comparaison.)

Que cet homme sorte, *que* jamais il ne reparaisse ici. (*Que* marque le commandement, la répugnance.)

Il ne se plaît *qu'*à faire le mal. (*Que* est mis pour *seulement*. Il se plaît *seulement* à, etc.)

Venez ici *que* je vous gronde. (*Que* est mis pour *afin que*, après l'impératif.)

Il y a vingt ans *que* mon frère est parti. (*Que* est mis pour *depuis que*, après *il y a*.)

Qu'avez-vous, *que* vous êtes tout interdit? (*Que* est mis pour *puisque* ou dans le sens de *pour que vous soyez interdit*.)

Il ne quittera point la capitale, sans *que* je l'aie vu. (*Que* pour *avant que*.)

*Qu'*il fasse le moindre extra, et le voilà malade. (*Que* pour *aussitôt que*, ou *si*.)

Attendons *qu'*il revienne à lui. (*Que* pour *jusqu'à ce que*.)

Que ne disait-il donc où il est allé? (*Que* pour *pourquoi*.)

A qui me plaindrais-je *qu'*à vous seul? (*Que* pour *si ce n'est que*.)

Que cette convention soit acceptée ou *qu'*elle ne le soit pas. (*Que* pour *soit que*.)

On ferait tout pour lui *qu'*il ne serait pas encore content. (*Que* pour *et cependant*.)

Si les élèves écoutaient plus attentivement les leçons du professeur, et *que* la légèreté ne l'emportât pas, ils feraient bien plus de progrès. (*Que* pour *si*.)

Que s'il me demande, dites que je n'y suis pas. (*Que* n'ajoute rien ici au sens de la phrase.)

S'il n'est pas absolument riche, il ne laisse pas *que* d'avoir du bien. (*Que* pour *cependant*.)

C'est un délice *que* de boire frais, surtout en été. (*Que*..... Tournez : *boire frais est un délice*.)

C'est peu *que* de paraître vertueux, il faut l'être réellement. (*Que*..... Tournez : *paraître vertueux est peu de chose*.)

EXERCICE XXIX.

L'Interjection.

Dire aux élèves d'indiquer les interjections et d'énoncer les sentiments qu'elles expriment.

Ah ! quel sort heureux ! (*joie*.)

Ah ! que cela me fait mal ! (*douleur*.)

Ah ! quelle pitié ! (*impatience*.)

Ha ! l'homme savant, on vous y prend aussi ! (*surprise*.)

Ha ! voyons donc, qu'est-ce que l'éloquence ? (*étonnement*.)

Oh ! que nous ne sommes rien ! (*exclamation*.)

Oh ! pour le coup j'avais tort (*affirmation*).

Ho ! que me dites-vous là ? (*étonnement*.)

Ho ! venez un peu ici (ho *sert à appeler*).

O siècle ! ô temps ! ô mœurs ! (*indignation*.)

Eh ! qui aurait pu croire que vous agiriez ainsi ! (*surprise*.)

Eh ! qui ne lui témoignerait pas sa gratitude ! (*admiration.*)

Hé ! viens ça, jeune enfant (hé *sert à appeler*).

Hé ! qu'allez-vous faire (hé *sert à avertir*).

Hé ! que je suis misérable ! (*douleur.*)

Hé ! pauvre homme, que je vous plains ! (*commisération.*)

Ahi ! *aïe* ! que je souffre ! (*douleur.*)

Allons ! du courage (*exhortation*).

Bah ! je n'en crois rien (*étonnement, doute*).

Baste ! éloignez-vous (*indifférence, dédain*).

Bravo ! bravo ! (*pour applaudir.*)

Ça ! reprenez vos esprits (*pour exciter, pour encourager*).

Chut ! plus de bruit (*pour ordonner de faire silence*).

Fi de ces hommes pervers ! (*mépris, répugnance, dégoût.*)

Hélas ! qu'ai-je donc fait ? (*plainte, regret, affliction.*)

Holà ! Paul, venez ici (*pour appeler*).

La la ! soyez sans crainte (*pour consoler*).

Motus ! et retirons-nous (*pour avertir de ne rien dire*).

Ouf ! qu'ai-je donc ? (*douleur subite, étouffement, oppression.*)

Quoi ! (et *eh quoi* !) vous agiriez ainsi ! (*admiration, étonnement, indignation.*)

Silence dans les rangs ! (*silence* employé par ellipse de *faites silence.*)

Tout beau (et *tout doux*), ne soyez pas si prompt à vous enflammer (pour exprimer *doucement, modérez-vous*).

Va pour cent francs ! (pour dire : *je consens à donner cent francs.*)

Vivat, cent fois *vivat*! (*pour applaudir.*)

EXERCICE XXX.

Des Lettres.

Dire aux élèves d'indiquer comment doivent se prononcer les
mots suivants.

Baril, chenil, coutil, fusil, outil, persil. (*L* final ne se
prononce pas.)

Désuétude, vraisemblance, préséance. (Conserver la
prononciation du *s.*)

Août, taon et *Saône* (rivière). (*A* ne se prononce pas.)

Caen (ville). (*E* ne se prononce pas.)

Fréquemment, prudemment, femme, solennel. (*E* se
prononce *a.*)

Encoignure, oignon. (*I* ne se prononce pas.)

Faon, paon, Laon (ville). (*O* ne se prononce pas.)

Faisant, nous *faisons, bienfaisance.* (*Ai* se prononce
comme *e* muet.)

Enivrer, enorgueillir. (Prononcez *en-ivrer, en-orgueil-
lir,* et non *e-nivrer, e-norgueillir.*)

Stagnation, inexpugnable, ignition. (On fait sentir
le *g.*)

Plomb, aplomb, d'aplomb. (*B* final ne se prononce
pas.)

Estomac, broc, croc, accroc, marc, échecs (jeu), *tabac,
jonc, lacs* (filets), *flanc, caoutchouc, escroc, tronc, clerc,
porc.* (*C* final ne se prononce pas.)

Clef, œuf frais, œuf dur, cerf-volant, chef-d'œuvre, bœuf gras. (*F* ne se prononce pas.)

Nerf-de-bœuf. (On ne fait entendre d'autre *f* que celui du mot *bœuf.*)

Bourg, un *long* accès, suer *sang* et eau, *rang* honorable. (Prononcez *g* final comme *k.*)

Faubourg, legs, doigt, vingt, étang, poing, coing, hareng, seing. (*G* final ne se prononce pas.)

Alléger, allégorie, allusion, belligérant, collaborateur, colloque, constellation, ellébore, folliculaire, gallicisme, hellénisme, intelligent, interpeller, libeller, oscillation, Palladium, pallier, pulluler, pusillanime, rébellion, solliciter, syllogisme, tabellion, velléité. (On prononce les deux *l.*)

Collége, collation (léger repas), *collationner* (faire un léger repas). (On ne prononce qu'un *l.*)

Collégial, collation (droit de conférer un bénéfice), *collation* (action par laquelle on confère la copie d'un écrit avec l'original), *collationner* (conférer un écrit avec l'original). (On prononce les deux *l.*)

Damner, damnable, condamner, condamnable. (*M* ne se prononce pas.)

Automne (se prononce *autonne*).

Automnal. (*M* se prononce.)

Grammatical, grammatiste, immixtion, immersion. (Les deux *m* se prononcent.)

Annales, annexes, annuler, connivence, cannibale, inné, innocuité, innové, Cincinnatus, Linnée, Apennins. (Les deux *n* se prononcent.)

Baptême, baptismal, compter, dompter, indomptable,

7

prompt, promptement, promptitude, sculpteur, sculpture.
(*P* ne se prononce pas.)

Exemption. (*P* se prononce).

Exempt, exempter. (*P* ne se prononce pas.)

Officier, sommelier, teinturier, barbier, mercier, épicier, entier, particulier, singulier. (*R* final ne se prononce pas.)

Aimer quelqu'un. (*R* final ne se prononce pas.)

Aimer un homme. (*R* final se prononce.)

Bruxelles, Auxerre, Auxonne (villes), *soixante.* (*X* se prononce comme deux *s.*)

Deuxième, sixième, sixain (petite pièce de poésie, composée de six vers ; paquet de six jeux de cartes), *dixième.* (*X* se prononce comme *z.*)

EXERCICE XXXI.

Des noms ou substantifs composés.

Dire aux élèves d'indiquer le pluriel des noms composés
suivants.

SINGULIER.	PLURIEL.
Un abat-jour.	Des abat-jour.
Un abat-vent.	Des abat-vent.
Un appui-main.	Des appuis-main.
Un arc-boutant.	Des arcs-boutants.
Un arc-en-ciel.	Des arcs-en-ciel.
Une arrière-boutique.	Des arrière-boutiques.
Une arrière-pensée.	Des arrière-pensées.
Une arrière-saison.	Des arrière-saisons.
Un bas-fonds.	Des bas-fonds.
Un bas-relief.	Des bas-reliefs.
Une basse-cour.	Des basses-cours.

SINGULIER.	PLURIEL.
Un bouche-trou.	Des bouche-trous.
Un blanc-seing.	Des blanc-seings.
Un boute-en-train.	Des boute-en-train.
Un boute-feu.	Des boute-feu.
Un casse-cou.	Des casse-cou.
Une chauve-souris.	Des chauves-souris.
Un chou-fleur.	Des choux-fleurs.
Un colin-maillard.	Des colins-maillards.
Une contre-vérité.	Des contre-vérités.
Un coq-à-l'âne.	Des coq-à-l'âne.
Un coupe-gorge.	Des coupe-gorge.
Une courte-pointe.	Des courtes-pointes.
Un couvre-chef.	Des couvre-chef.
Un couvre-pieds.	Des couvre-pieds.
Un croc-en-jambes.	Des crocs-en-jambes.
Une eau-de-vie.	Des eaux-de-vie.
Un fier-à-bras.	Des fier-à-bras.
Un fouille-au-pot.	Des fouille-au-pot.
Un gagne-denier.	Des gagne-deniers.
Un gagne-pain.	Des gagne-pain.
Un gagne-petit.	Des gagne-petit.
Un garde-côtes.	Des gardes-côtes.
Un garde-malade.	Des gardes-malades.
Un garde-notes.	Des gardes-notes.
Un gâte-métier.	Des gâte-métier.
Un hausse-col.	Des hausse-col.
Un havre-sac.	Des havre-sacs.
Une mouille-bouche.	Des mouille-bouche.
Un passe-droit.	Des passe-droit.
Un passe-port.	Des passe-ports.
Un passe-poil.	Des passe-poil.
Un passe-partout.	Des passe-partout.
Un passe-passe.	Des passe-passe.
Un pied-à-terre.	Des pied-à-terre.
Un pied-plat.	Des pieds-plats.
Un pique-nique.	Des pique-niques.

SINGULIER.	PLURIEL.
Un plain-chant.	Des plains-chants.
Un pont-neuf.	Des ponts-neufs.
Un porte-aiguille.	Des porte-aiguille.
Un porte-drapeau.	Des porte-drapeau.
Un pot-au-feu.	Des pot-au-feu.
Une reine-claude.	Des reines-claude.
Un réveille-matin.	Des réveille-matin.
Une sage-femme.	Des sages-femmes.
Un sauf-conduit.	Des sauf-conduits.
Un serre-file.	Des serre-file.
Un serre-tête.	Des serre-tête.
Un serre-papiers.	Des serre-papiers.
Un tête-à-tête.	Des tête-à-tête.
Un tire-balle.	Des tire-balles.
Un trouble-fête.	Des trouble-fête.
Un vol-au-vent.	Des vol-au-vent.

EXERCICE XXXII.

Noms ou substantifs qui n'ont pas de singulier ; noms ou substantifs qui n'ont pas de pluriel.

Dire aux élèves d'indiquer quels sont les substantifs qui n'ont pas de singulier, et ceux qui n'ont pas de pluriel.

SUBSTANTIFS QUI N'ONT PAS DE SINGULIER.	SUBSTANTIFS QUI N'ONT PAS DE PLURIEL.
Les accordailles.	Le baume.
Les aguets.	La myrrhe.
Les alentours.	L'encens.
Les ancêtres.	L'absinthe.
Les annales.	Le genièvre.
Les armoiries.	L'adolescence.
Les arrérages.	La bile.

SUBSTANTIFS QUI N'ONT PAS DE SINGULIER.	SUBSTANTIFS QUI N'ONT PAS DE PLURIEL.
Les besicles.	La chasteté.
Les catacombes.	Le coucher.
Les charmes (*attraits, appas*).	La décence.
Les confins.	La jeunesse.
Les décombres.	La miséricorde.
Les dépens.	La morale.
Les doléances.	La mollesse.
Les entours.	La noblesse.
Les entrailles.	L'obéissance.
Les épousailles.	L'odorat.
Les fiançailles.	La paresse.
Les fonts (*baptismaux*).	La pudeur.
Les funérailles.	L'impudeur.
Les hardes.	Le superflu.
Les immondices.	Le toucher.
Les matériaux.	
Les matines.	L'or.
Les mœurs.	L'argent.
Les mouchettes.	Le plomb.
Les nippes.	L'étain.
Les obsèques.	Le fer.
Les prémices.	Le cuivre.
Les ténèbres.	Le vif-argent.
Les vitraux.	Le zinc.
Les vivres.	L'antimoine.

Considérés comme métaux non mis en œuvre.

7*

EXERCICE XXXIII.

Substantifs de différents genres, d'une même consonnance, mais ayant différentes significations.

Dire aux élèves d'indiquer le genre et la signification des substantifs suivants.

MASCULIN.	FÉMININ.
Aide (celui qui aide à un autre)	*Aide* (secours, assistance) : aide assurée, prompte.
Aide-de-camp.	
Aide des cérémonies.	
Aigle (oiseau).	*Aigle* (devises, drapeau).
Aune (arbre de bois blanc).	*Aune* (mesure).
Crépe (sorte d'étoffe qu'on porte en signe de deuil).	*Crépe* (pâte fort mince qu'on fait cuire en l'étendant dans la poële)
Enseigne (officier qui porte le drapeau).	*Enseigne* (tableau qu'on met à la porte d'un marchand).
Foret (outil d'acier pointu).	*Forêt* (grande étendue de terrain couvert d'arbres).
Garde (homme armé, destiné pour garder quelqu'un ou quelque chose).	*Garde* (guet, action de garder. — Gens de guerre qui font la garde. — Femme qui sert les malades).
Greffe (lieu public où l'on delivre des expéditions des actes de juridiction qu'on y garde en dépôt).	*Greffe* (petite branche tendre qu'on coupe d'un arbre qui est en séve, et qu'on ente sur un autre arbre).
Guide (tout ce qui, en général, sert à nous con-	*Guide* (longe de cuir attachée à la bride d'un che-

MASCULIN.	FÉMININ.
duire dans une route inconnue).	val, et qui sert à le conduire).
Livre (manuscrit ou imprimé).	*Livre* (poids contenant seize onces).
Manche (partie d'un instrument, d'un outil, par où on le prend pour s'en servir).	*Manche* (partie d'un vêtement où on met le bras. — Bras de mer entre la France et l'Angleterre).
Manœuvre (ouvrier subalterne qui sert ceux qui font l'ouvrage).	*Manœuvre* (tous les cordages destinés au service d'un vaisseau. — Mouvement qu'on fait faire à des troupes).
Mémoire (écrit fait pour donner des instructions sur une affaire, ou pour rappeler quelque chose).	*Mémoire* (faculté par laquelle l'âme conserve le souvenir des choses).
Mode (manière d'être).	*Mode* (usage régnant et passager, introduit par la fantaisie).
Moule (matière creusée de manière à donner une forme précise à la cire, au plomb, au bronze, qu'on y verse tout fondus ou liquides).	*Moule* (petit poisson enfermé dans une coquille de forme oblongue).
Mousse (jeune matelot qui sert les gens de l'équipage).	*Mousse* (espèce d'herbe qui croît sur les murs, sur les arbres. — Certaine écume qui se forme sur l'eau et sur quelques liqueurs).
OEuvre (recueil de tous les ouvrages d'un musicien. —Recueil de toutes les estampes d'un même gra-	*OEuvre* (ce qui est fait, ce qui est produit par quelque agent.—Lieu et banc des marguilliers. — Ac-

MASCULIN.	FÉMININ.
veur. — La pierre philosophale ; mais, en ce sens, il ne se dit qu'avec le mot *grand : Travailler au grand œuvre.* — Dans le style soutenu et seulement au singulier : *Un œuvre de génie, un saint œuvre*).	tion morale et chrétienne. — Productions de l'esprit ; et, en ce sens, il n'est usité qu'au pluriel).
Office (devoir, chose que la vertu engage à faire. — Assistance, protection. — Le service divin. — Bréviaire. — Charge avec permanence).	*Office* (lieu où l'on prépare tout ce qu'on sert sur la table pour le dessert. — L'art de le faire, de le préparer. — Classe de domestiques qui y mangent).
Page (jeune gentilhomme au service d'un roi, d'un prince).	*Page* (côté d'un feuillet de papier. — L'écriture contenue dans la page même).
Pater (l'oraison dominicale).	*Patère* (ornement pour soutenir les draperies).
Période (le plus haut point où une chose, une personne puisse arriver, est arrivée. — Espace de temps indéterminé).	*Période* (révolution qui se renouvelle régulièrement dans les astres. — Phrase composée de plusieurs membres dont la réunion forme un sens complet).
Poéle (drap mortuaire. — Voile qu'on tient sur la tête des mariés, pendant la bénédiction nuptiale). — Ou *poile* (sorte de fourneau de terre, de faïence, ou de fonte, par le moyen duquel on échauffe des chambres, des serres, etc.).	*Poéle* (ustensile de cuisine, qui sert pour frire, pour fricasser).

MASCULIN.	FÉMININ.
Poste (lieu où l'on a placé des troupes. — Soldats qui sont dans un poste. — Emploi, fonction).	*Poste* (relais établis pour voyager rapidement. — Maison où sont ces relais. — Courrier qui porte les lettres. — Bureau de réception ou de distribution des lettres).
Relâche (repos, intermission dans quelque état douloureux. — Cessation de quelque travail, étude ou exercice).	*Relâche* (lieu propre aux vaisseaux pour y relâcher).
Remise (carrosse qui se loue au jour ou au mois).	*Remise* (lieu pour mettre une voiture à couvert. — Délai pour une affaire, un jugement).
Satyre (demi-dieu du paganisme, moitié homme et moitié bouc).	*Satire* (peinture du vice ou du ridicule en discours et en action, en vers ou en prose).
Solde (complément d'un payement).	*Solde* (paye que l'on donne aux gens de guerre).
Somme (repos causé par l'assoupissement naturel de tous les sens).	*Somme* (charge, fardeau. — Quantité d'argent. — Rivière de Picardie).
Trompette (celui dont la fonction est de sonner la trompette).	*Trompette* (instrument dont on se sert principalement à la guerre).
Vague (le milieu de l'air).	*Vague* (l'eau agitée et élevée au-dessus de son niveau par les vents, par la tempête.)
Vase (sorte d'ustensile fait pour contenir des fleurs, des liqueurs, des parfums).	*Vase* (bourbe qui est au fond de la mer, des fleuves, des étangs, des marais).

MASCULIN.	FÉMININ.
Voile (pièce de toile ou d'étoffe destinée à couvrir quelque chose).	*Voile* (plusieurs lés de toile forte cousus ensemble, et qu'on attache aux vergues pour recevoir le vent qui doit pousser un vaisseau).

EXERCICE XXXIV.

Des noms ou plutôt des adjectifs de nombre.

Dire aux élèves d'appliquer la règle et d'en rendre compte
dans les phrases suivantes.

Votre père est mort âgé de plus de *quatre-vingts* ans.

L'hospice des *Quinze-Vingts* est spécialement destiné
aux aveugles.

On voit des vieillards de cent et de *six-vingts* ans, qui
ont encore de la gaieté et de la vigueur (*six-vingts* a vieilli).

Marseille est à plus de *deux cents* lieues de Paris.

L'an *mil* sept cent et l'an *mil* cinq cent quatre-vingt,
il se passa bien des événements extraordinaires.

Nous avons envoyé *vingt mille* hommes au secours de
nos alliés.

J'ai parcouru en quelques heures trente *milles* italiens.

Par le chemin de fer on va de Paris à Nanterre en
moins d'une *demi*-heure.

Ce mur a vingt pieds et *demi* d'élévation.

J'ai fait plus d'une lieue et *demie* pour vous rejoindre.

On appelle *demi*-fortune une voiture bourgeoise à
quatre roues, tirée par un seul cheval.

Une *demi*-teinte est une ombre légère, un ton moyen entre la lumière et l'ombre.

La demie est-elle sonnée ?

Cette pendule ne sonne pas les *demies*.

EXERCICE XXXV.

Noms partitifs ou collectifs.

Dire aux élèves d'indiquer les noms partitifs ou collectifs, et leur accord avec l'adjectif ou le verbe suivant.

La plupart des hommes *se souviennent* bien mieux des services qu'ils rendent que de ceux qu'ils reçoivent.

Une infinité de jeunes gens se *perdent* parce qu'ils lisent des livres impies.

Quantité de gens *ont dit* cela.

Un *grand nombre* d'ennemis *parurent*.

On vit une *nuée* de barbares qui *désolèrent* tout le pays.

Un *nombre infini* d'oiseaux *faisaient* résonner ces bocages de leurs doux chants.

On voit un *grand nombre* de personnes *capables* de faire une action sage ; on en voit un bien plus *grand nombre capables* de faire une action d'esprit ; mais *bien peu sont capables* de faire une action généreuse.

Peu d'hommes *raisonnent*, et tous veulent décider.

Une *vingtaine* de soldats *ont péri*.

Une troupe de voleurs se *sont introduits* dans la maison d'un riche fermier.

Dire aux élèves d'indiquer s'il faut *de* ou *des* devant les adjectifs qui suivent.

J'ai vu à Saint-Domingue *de* bien belles habitations.

J'ai couru *de* grands dangers dans une navigation lointaine.

Cet homme possède *de* beaux chevaux, *de* charmants jardins, *de* délicieuses villa.

J'ai prêté à votre frère *de* bons, *d'*excellents livres.

J'ai vu *de* vaillants chasseurs, *d'*élégantes amazones et *d'*intrépides piqueurs poursuivre un énorme sanglier.

De belles occasions, *d'*heureuses circonstances et *de* favorables événements ne se présentent pas tous les jours.

EXERCICE XXXVI.

Pronoms.

Dire aux élèves d'appliquer, dans les phrases suivantes, la règle qui régit *vous* employé pour *tu*.

Ma fille, *vous* serez *honorée*, si vous remplissez vos devoirs envers Dieu, vos parents et vos maîtres.

Mon fils, *vous* n'avez été ni *prudent*, ni *circonspect* en vous engageant dans cette mauvaise affaire. Je pense qu'à l'avenir *vous* serez plus *sage* et plus *réfléchi*.

Mon excellente mère, *vous* êtes *bénie* chaque jour par le bon Dieu dans le ciel et par vos enfants sur la terre. *Vous* êtes *respectée* et *vénérée* de tous ceux qui vous connaissent.

Mon cher Hector, du côté de la bravoure, *vous* n'êtes pas *semblable* au héros troyen dont vous portez le nom.

Dire aux élèves d'indiquer, dans les phrases suivantes, quand *le*,
   la, les, sont articles et quand ils sont pronoms.

Le (art.) bonheur veut bien qu'on *le* (pro.) poursuive,
mais non pas qu'on *l'*atteigne (pro.).

La (art.) fortune n'a rien qui puisse *la* (pro.) rendre
si précieuse : on *la* (pro.) recherche, on *la* (pro.) désire,
on *la* (pro.) convoite ; mais elle est rarement *la* (art.)
source de *la* (art.) félicité.

Les (art.) élèves aiment à jouer : quand vous *les* (pro.)
voyez en récréation, vous *les* (pro.) croiriez au comble
de la joie : *les* (art.) amusements de toute espèce, *les* (art.)
balles, *les* (art.) billes, *les* (art.) barres, leur sourient plus
que *l'*étude (art.), et l'on a bien de la peine à *les* (pro.)
faire rentrer en classe, lorsque *la* (art.) cloche *les* (pro.) y
rappelle et *les* (pro.) force enfin à quitter *les* (art.) jeux
pour *le* (art.) travail.

Dire aux élèves d'appliquer la règle qui régit le pronom *le*, quand
   il tient la place d'un adjectif ou d'un verbe.

Ma sœur, êtes-vous tranquille dans votre retraite ?
— Je *le* suis parfaitement.

Votre mère est-elle toujours aussi charitable qu'elle *le*
fut jadis ? — Elle n'a jamais cessé de *le* paraître et surtout
de *l'*être (*l'* pour *le*).

Messieurs, êtes-vous malades ? — Nous *le* sommes bien
réellement.

Mes amis, êtes-vous enfin remis de toutes vos fatigues ?
— Nous *le* sommes complétement.

Dites-moi, ma fille, si vous êtes rétablie de votre longue

indisposition. — Je le suis aussi bien que je pouvais le désirer.

Il faut repousser la paresse autant qu'on le peut.

Évitons l'avarice autant que nous le pourrons.

Les belles-lettres sont encore plus agréables à cultiver que je ne le pensais.

Je ne croyais pas que cette histoire fût aussi intéressante que vous me le disiez.

Cette maison est bien plus spacieuse que je ne le croyais.

Dire aux élèves d'appliquer la règle qui régit le pronom *soi* après un nominatif indéterminé.

On a souvent besoin d'un plus petit que *soi*.

Quiconque n'aime que *soi* est indigne de vivre.

Chacun s'occupe peut-être un peu trop de *soi*.

Ne voir que *soi*, ne songer qu'à *soi*, c'est pousser l'égoïsme au dernier degré.

Personne n'a jamais fait autant parler de *soi* qu'Alexandre le Grand.

Dire aux élèves d'appliquer, dans les exemples suivants, toutes les règles relatives aux pronoms qui s'y trouvent.

Vous voyez ce cerisier : les fruits *en* sont excellents (et non *ses* fruits sont...).

Le plaisir est doux ; mais la suite *en* est souvent funeste (et non *sa* suite est...).

Avez-vous bien examiné cette habitation ? — Oui : les beautés *en* sont grandes, les agréments *en* sont nombreux (et non pas *ses* beautés sont grandes, *ses* agréments sont nombreux).

Que dites-vous du parc de Saint-Cloud ? — Les abords *en* sont charmants, les allées *en* ont été on ne peut mieux tracées, les arbres *en* sont beaux et touffus, les gazons *en* sont toujours verts (et non pas *ses* abords sont..., *ses* allées ont été..., *ses* arbres sont..., *ses* gazons sont...).

Faire aux élèves la question : *Peut-on dire ?*

Mes famille et patrie.
Ils ont perdu leurs père et mère.
Il faut honorer ses oncle et tante.
Je connais ses grands et petits appartements.
J'ai vu ses beaux et vilains habits.
Il a perdu ses peines et temps.
Ses neveu et nièce sont estimables.

Non ; il faut dire en répétant les pronoms :

Sa famille et sa patrie.
Ils ont perdu leur père et leur mère.
Il faut honorer son oncle et sa tante.
Je connais ses grands et ses petis appartements.
J'ai vu ses beaux et ses vilains habits.
Il a perdu ses peines et son temps.
Son neveu et sa nièce sont estimables.

La *bonté* a *son* principe dans les nobles sentiments du cœur.
L'*avarice* trouve *son* châtiment en elle-même.
La *vertu* est à elle-même *sa* récompense.

Rome est très-curieuse à visiter ; on admire surtout l'antiquité de *ses* monuments.

Ce *jardin* est des plus pittoresques ; on contemple avec plaisir la beauté de *ses* points de vue, de *ses* allées, de *ses* ombrages.

Paris est immense ; *ses* rues offrent un véritable labyrinthe où l'on peut s'égarer.

Florence est une ville très-agréable ; *ses* promenades et son musée attirent la foule des voyageurs.

C'est *en vous* seul, mon ami, *que* je mets désormais toute ma confiance.

Mon Dieu, c'est *à vous que* je m'adresse : daignez exaucer ma prière.

C'est *à vous que* j'en veux, et ce n'est pas *à votre frère que* j'ai affaire

C'est *moi qui ai* parlé à ces étrangers.

C'est *toi qui as* voulu venir à la campagne.

C'est *moi qui crois* l'âme immortelle.

C'est *vous qui vous intéressez* à mon sort.

C'est *nous qui avons* assisté à la séance de l'Académie française.

C'est *vous qui avez cherché* vraiment la solution de ce problème.

C'est *vous qui avez rompu* les fers de votre ami prisonnier.

Nous sommes ici plusieurs *qui nous souvenons* des grands succès obtenus par la France dans ses dernières guerres.

C'est *moi* seul *qui suis* coupable.

———

Le jardin *auquel* je donne tous mes soins.

Les travaux *auxquels* je me livre avec assiduité.

La récompense *à laquelle* je prétends est la plus glorieuse de toutes.

Les fatigues *auxquelles* je m'attends n'abattront ni mon courage ni ma fermeté.

Les succès *auxquels* vous aspirez sont bien difficiles à obtenir.

Les prérogatives *auxquelles* j'ai droit ne peuvent être mises en doute.

Les honneurs *auxquels* votre frère veut s'élever ne feront qu'accroître son ambition.

J'ai à me plaindre de vos amis : *ce sont eux qui* nous ont entraînés à de fausses démarches.

Il faut réprimer nos passions : *ce sont elles qui* causeraient notre perte.

Ce sont vos aïeux qui étaient nobles de cœur plus encore que de naissance.

Ce sont les Romains qui ont étendu le plus loin leurs conquêtes.

Ce sont les Phéniciens qui ont fait la découverte du verre.

Voyez les nations barbares ; *ce sont elles qui* repoussent la civilisation et les arts.

————

Ces enfants sont *tout* pleins d'esprit.

Ces vins-là veulent être bus *tout* purs.

Les chevaux qui ont le poil roux sont ou *tout* bons ou *tout* mauvais.

Nos vaisseaux sont *tout* prêts.

Certains esprits sont *tout* blancs au dehors et *tout* noirs au dedans.

8*

Tout admirable qu'ait été la mort de Socrate, je lui préfère celle de notre Seigneur Jésus-Christ.

Tout affreuse que soit la mort, elle ne doit effrayer que les âmes pusillanimes.

Tout horribles que soient ces images, on se prend cependant à les contempler.

Ces fleurs, *toutes* brillantes qu'elles sont, ne me plaisent que médiocrement.

Toute vaste, *toute* spacieuse que soit la terre, elle n'est qu'un point en comparaison du ciel.

Toutes honteuses que paraissent ces actions, il faut les juger avant de les condamner.

Toutes hideuses que soient ces peintures, elles sont cependant l'œuvre d'un artiste qui n'est pas sans talent.

Les hommes, *quelque* riches qu'ils soient, ne doivent pas mépriser le pauvre et le malheureux.

Quelque séduisants que soient les charmes de la campagne, je leur préfère les agréments de la ville.

Quelque délicieuses que soient ces contrées, je les trouve moins belles que mon pays natal.

Quelques raisons que vous puissiez alléguer, vous n'en avez pas moins tort dans cette affaire.

Quelques découvertes que l'homme ait faites, il lui en reste encore beaucoup à faire.

Quelques vains lauriers que la guerre promette, il vaut encore mieux conserver la paix.

Quelques puissantes considérations que vous fassiez valoir, je doute que vous réussissiez à nous convaincre.

Les hommes, *quels qu'*ils soient, sont égaux devant la justice.

Quelle que soit votre habileté, vous ne parviendrez pas au but de vos désirs.

Quels que soient les humains, il faut vivre avec eux.

Cet homme, *quel qu'*il soit, m'est tout à fait inconnu.

Votre fortune, *quelle qu'*elle soit, ne vous donne pas le droit d'être orgueilleux et fier.

Votre crédit, *quel qu'*il soit, votre considération, *quelle qu'*elle puisse être, ne vous mettent pas au-dessus du reste des hommes.

Votre érudition, *quelle qu'*elle soit, n'a pas encore fait de vous un autre Pic de la Mirandolle.

Votre adresse de chasseur, *quelle qu'*elle soit, ne vous a pas empêché de perdre plus d'une fois la trace du gibier.

*Quel qu'*ait été d'abord votre aplomb, convenez qu'ensuite vous avez perdu la tramontane (1).

———

Paul et Henri sont loin de se ressembler : *celui-ci* (Henri) est tapageur et turbulent ; *celui-là* (Paul) est grave et réservé.

Un magistrat intègre et un brave officier sont également estimables : *celui-là* (le magistrat) fait la guerre aux ennemis domestiques ; *celui-ci* (l'officier) nous protége contre les ennemis extérieurs.

Julie et Sophie sont du même âge ; mais *celle-là* (Julie) est plus raisonnable, et *celle-ci* (Sophie) est plus espiègle.

———

(1) *Tramontade* ou *trémontade*, qu'on entend dire souvent, est un barbarisme.

Ceci n'est pas de mon goût ; je préfère *cela*.

Ceci est bien plus à votre portée que *cela*.

Que dites-vous de *ceci* ? J'aime bien mieux *cela*.

Laissez donc *ceci*, et prenez *cela*.

Ceci désigne ce qui est plus près ; *cela* ce qui est plus éloigné.

Personne ne sera jamais assez *insensé* pour nier l'existence de Dieu.

Personne ne sait s'*il* est *digne* d'amour ou de haine.

Je n'ai vu *personne* de si *vain* que ces deux femmes.

Personne n'est aussi *heureux* que vous dans ses entreprises.

Y a-t-il *personne* d'assez *hardi* pour braver inutilement le danger ?

Les *personnes* qui sont *incapables* d'oublier les bienfaits sont ordinairement *généreuses*.

J'ai vu des *personnes* encore plus *orgueilleuses* que ces deux hommes.

Je tiens cette nouvelle d'une *personne* bien *informée*.

Il y a des *personnes* très-*instruites*, très-*savantes* et très-*ingénieuses,* qui paraissent fort *ordinaires* dans la conversation.

===

EXERCICE XXXVII.

Remarques sur les verbes.

Dire aux élèves d'indiquer le verbe et le sujet.

De quoi cet homme n'*est-il* pas capable ?

Que n'*avez-vous* pas fait pour avoir un prix ?

Ces messieurs *viendront-ils* nous voir cet été ?

Entendez-vous cette femme : n'*appelle*-t-*elle* pas à son secours?

Néglige-t-*on* de prendre ses précautions dans les occasions difficiles?

M'*entendra*-t-*il* enfin ou *restera*-t-*il* sourd à ma voix?

Fera-t-*il* bien, *fera*-t-*il* mal d'agir ainsi : c'est ce que l'avenir nous apprendra.

———

Il faut être insensible à tous les maux, *disaient les stoïciens*, quand on veut mériter le titre de sage.

Vous êtes, me *disait votre sœur*, plus heureux que vous ne l'avez jamais été.

Y a-t-il rien, *s'écriait Socrate*, qui soit préférable à la vertu?

Je ne serai satisfait, *disait Henri IV*, que quand le plus pauvre de mes sujets pourra mettre la poule au pot le dimanche.

———

Telles étaient les sentences de Pythagore.

Tel fut le plan de ce général.

Telle a été la corruption du genre humain avant le déluge.

Tels ne seront pas mes conseils, si vous me les demandez.

Tel sera mon raisonnement, si vous voulez le suivre.

Ainsi finit l'histoire qu'on m'a racontée.

Ainsi se terminèrent les grands débats des plaideurs.

Ainsi parurent dans le ciel des aurores boréales.

Ainsi s'éclipsèrent sa gloire et son prestige.

———

Il est survenu une affaire imprévue.

Il est arrivé un accident sur le chemin de fer.

Il est résulté de tout cela une grande confusion.

Il se passe bien des choses extraordinaires.

Il se forme plus d'un projet en l'air.

Il s'en suit plus d'une catastrophe.

———

Dire aux élèves d'expliquer la règle dans les phrases suivantes.

Je fis, l'an dernier, votre connaissance à Milan.

J'entendis, avant hier, les deux musiciens dont vous m'avez parlé.

J'examinai hier le tableau qui était en vente dans l'atelier du peintre.

Je fis venir, la semaine passée, un professeur de langue italienne pour mon fils.

Nous avons rencontré aujourd'hui de bien belles voitures au bois de Boulogne.

Je n'ai rien fait ce matin : je n'étais pas en train de travailler.

Toute cette année, j'ai étudié l'histoire et la géographie.

L'année dernière, j'ai étudié la physique et la chimie.

———

Il faut que celui qui passe pour vertueux le *soit* réellement.

*Croyez-vous qu'*une mère *consente* volontiers à se séparer de son enfant?

Je ne doute pas que vous ne *mettiez* tout en œuvre pour réussir dans vos projets.

Il sera nécessaire que vous vous *appliquiez* davantage, et *que* vous *apportiez* plus de soin à vos études.

Il ne faudra pas que vous *veniez,* comme d'habitude, longtemps après les autres.

Qui empêche que vous ne *suiviez les bons* exemples plutôt que les mauvais?

Qui vous dit qu'il faille tenir compte des avertissements inutiles?

Il fallait que vous fussiez bien distrait pour ne pas vous être aperçu que je vous faisais signe d'approcher.

Il fallut qu'on fît venir le médecin pour soigner votre frère.

Il a fallu qu'on l'interrogeât plusieurs fois avant qu'il *répondît.*

Il eût fallu qu'il vînt plus tôt s'il désirait nous accompagner à la promenade.

Je désirerais que vous prissiez par semaine six leçons au lieu de trois.

L'empereur Titus *aurait désiré que* tout le monde *fût* heureux sous son règne.

Fallait-il que vous en *vinssiez* à ce degré de négligence!

Il eût été plus à propos *qu'on appelât* un musicien qu'un danseur.

Je ne croyais pas *que* l'heure *fût* aussi *avancée* qu'elle l'était.

N'était-il pas nécessaire *que* vous *vinssiez* avec moi?

N'avait-on pas *demandé que* tout se *fît* promptement et sans apprêt?

Il eût été fort à propos *que* la réunion projetée *pût* avoir lieu.

EXERCICE XXXVIII.

Remarques sur les prépositions.

Dire aux élèves d'expliquer la règle dans les phrases suivantes.

Cette mère a ses filles *autour d*'elle.

Nous nous trouvions *autour des* fortifications.

Le voleur rôdait tout *autour de* la maison.

L'hiver on se réunit *autour du* feu.

On se pressait *autour de* l'orateur.

On s'agitait tout *autour des* murailles.

Pourquoi tourner *autour de* cette habitation, puisque vous pouvez y entrer?

Tout sourit de joie et de bonheur sur les monts *d'a-lentour*.

J'ai parcouru tous les bois *d'alentour*, sans y trouver un lapin.

Le berger fait résonner de sa flûte champêtre les échos *d'alentour*.

———

J'arriverai au rendez-vous de chasse *avant vous, avant votre ami, avant toute la société*.

Le plus tôt arrivé se place *avant les autres*.

Nous venons *après les personnes* qui passent, *avant nous*.

Avant la création du monde, le chaos seul existait.

Alexandre donna à Porus un royaume plus grand que celui qu'il avait *auparavant*.

Ne vous hâtez pas de parler; réfléchissez *auparavant*.

Vous allez vous éloigner ; ne viendrez-vous pas me dire adieu *auparavant ?*

Je ne puis être satisfait sans vous savoir heureux *auparavant.*

Nous passâmes *au travers des* écueils, et nous vîmes de près la mort.

Un brave se fait jour *au travers des* périls.

L'aiguille passe *au travers de* la peau qu'elle perce.

On voit le jour *au travers des* vitres, *des* châssis.

Un soldat se jette *au travers d'un* bataillon, et l'enfonce.

Nous n'apercevons la vérité qu'*à travers le voile* de nos passions.

A travers les murmures flatteurs des courtisans, Sully faisait entendre à Henri IV la voix libre de la vérité.

Le lynx ne voit point *à travers la muraille,* comme on le dit par erreur.

La peur précipite les chevaux d'Hippolyte *à travers les rochers.*

Un espion passe habilement *à travers le camp ennemi,* et se sauve.

EXERCICE XXXIX.

Remarques sur les adverbes.

Dire aux élèves d'expliquer les règles.

La ville est agréable, mais la campagne l'est bien *davantage.*

9

A mesure que nous sommes heureux, nous voulons l'être *davantage*.

Vous étiez assez avancé l'année dernière; cette année vous l'êtes bien *davantage*.

Votre sœur est indulgente, mais votre mère l'est b in *davantage*.

Vous avez obtenu *plus* de succès *que* votre frère.

Il y a dans cette composition *plus* de mots *que* d'idées.

Cet homme a *plus* d'esprit *que* de jugement.

Cette histoire a *plus* d'invraisemblance *que* d'intérêt.

Je me fie *plus* à vous *qu'*à votre frère.

Je ne crois pas *plus* à la bravoure d'un fanfaron *qu'*à la parole d'un menteur.

> Et non *davantage que*, dans toutes ces phrases.

On ne connaît l'importance d'une action que quand on est *près de* l'exécuter.

Les beaux jours sont *près de* revenir.

Un vieillard *près d'*aller où la mort l'appelait.

Je suis *près de* succomber au travail et à la fatigue.

Je suis *prêt à* soutenir mon opinion par tous les arguments possibles.

Êtes-vous *prêt à* partir avec moi pour la campagne?

Soyez toujours tout *prêts à* secourir les malheureux.

Cet habile avocat est *prêt à* défendre votre cause.

L'homme, qui est *près de* mourir, est rarement *prêt à* mourir.

L'ennemi, qui est *près de* succomber, n'est certes pas *prêt à* succomber.

Je suis depuis six mois *à la campagne*.

Les médecins ont conseillé à ma mère d'aller *à la campagne*.

Vous préférez être *à la ville*; moi, j'aime mieux être *à la campagne*.

Je suis passé chez vous hier afin de vous rendre visite; mais vous étiez parti *pour la campagne*.

Les armées sont depuis longtemps *en campagne*.

Les troupes se mettront bientôt *en campagne*.

J'ai mis tous mes amis *en campagne* pour assurer le succès de mon entreprise.

Je me suis mis *en campagne* depuis hier pour découvrir la demeure de cette personne.

EXERCICE XL.

Remarques sur le régime.

Dire aux élèves d'appliquer la règle.

Henri est *capable* et *impatient de* bien faire.

Il est *inutile* et même *nuisible à* l'homme de faire ce qu'il ne doit pas faire.

Ces élèves sont *curieux* et *avides de* connaître la fin de cette histoire.

Cet homme est tout à la fois *avare* et *prodigue* de son temps et de son bien.

Napoléon *a entrepris* et *mené* à bonne fin *plus d'une guerre.*

Les Français *ont découvert* et *imaginé* bien *des choses* nouvelles.

J'*estime* et j'*honore le malheur* et *la vertu.*

Je *m'intéresse* et je *prends part à vos succès.*

Usez et *profitez* le plus possible *de votre temps* et *de vos ressources.*

Ne vous *occupez* et ne vous *mêlez* jamais *des affaires* des autres.

EXERCICE XLI.

Orthographe des noms propres et de certains noms étrangers.

Dire aux élèves d'appliquer les règles.

Les deux *Corneille* et les deux *Racine* se sont distingués dans la carrière des lettres.

* L'Espagne s'honore d'avoir produit les deux *Sénèque.*

Jamais les deux *Caton* n'ont autrement voyagé ni seuls ni avec leurs armées.

Les *Visconti,* ducs de Milan, portaient une givre (1) dans leurs armes.

---

(1) Terme de blason qui signifie un *serpent.*

Il manque à ce poëte l'inspiration, le feu sacré des *Homère*, des *Virgile*, des *Milton* et des *Boileau*.

Là brillent d'un éclat immortel les vertus chrétiennes des *Lamoignon* et des *Montausier*.

Les *Duguesclin* et les *Bayard* seront à jamais célèbres.

Les *Néron* et les *Caligula* passeront toujours pour des monstres.

Les douze *Césars* de Suétone sont fort intéressants.

Auguste fit des *Virgiles*, Louis fit des *Boileaux*.

Parmi les *Pelletiers* on compte des *Corneilles*.

On ne voit point d'*Orphées* au siècle des *Midas*.

Dire aux élèves d'indiquer parmi les noms suivants d'origine étrangère, ceux qui prennent et ceux qui ne prennent pas la marque du pluriel.

SANS PLURIEL.	AVEC PLURIEL.
Alibi.	Factotum.
Alinéa.	Factum.
Aparté.	Géranium.
Avé.	Pensum.
Avé Maria.	Quidam.
Concetti.	Acacia.
Déficit.	Boa.
Pater.	Falbala.
In-folio.	Hortensia.
Quatuor.	Hourra.
Duplicata.	Opéra.
Errata.	Pacha.
Exeat.	Panorama.
Ex-voto.	Paria.
Lazzi.	Sopha.

9*

SANS PLURIEL.	AVEC PLURIEL.
Quiproquo.	Tréma.
Noël.	Alto.
Solo.	Imbroglio.
Te Deum.	Domino.
In-douze.	Vertigo.
In-seize.	Placet.
In-quarto.	Récépissé.
In-octavo.	Aviso.
Bravo.	Duo.
Benedicite.	Écho.
Confiteor.	Folio.
Alleluya.	Numéro.
Embargo.	Trio.
Haro.	Zéro.
Hourvari.	Fémur.
Tacet.	Quolibet.
Sterling.	Ténor.
Auto-da-fé.	Zigzag.
Mezzo termine.	Bifteck.
Vice versâ.	Bill.
Ana.	Budget.
Brouhaha.	Whig.
Dilettanti.	
Fantoccini.	
Accessit. (L'Académie tolère *des accessits.*)	
Impromptu. (L'Académie tolère *des impromptus.*)	

EXERCICE XLII.

Remarques sur l'orthographe des pronoms, adverbes, et autres mots.

Dire aux élèves d'appliquer les règles.

Ces oranges vont périr, si on ne *leur* donne de l'eau.

Ces projets sont sages, et je *leur* prédis une réussite complète.

Tout en comptant sur l'ingratitude des hommes, il ne faut pas laisser de *leur* faire du bien.

Dis-*leur* qu'à ce prix je *leur* permets de vivre.

———

Imitez les vertus des hommes, mais évitez *leurs* défauts et *leurs* vices.

Les villes ont *leurs* plaisirs, mais les champs ont bien aussi *leurs* jouissances.

Ces pauvres gens ont vendu *leurs* meubles, *leurs* vêtements et tous *leurs* ustensiles de ménage.

Les ennemis, en fuyant, ont abandonné *leurs* retranchements, *leurs* armes et *leurs* chevaux.

———

Mon Dieu, pardonnez-*leur leurs* fautes et *leurs* péchés.

Rendez-*leur leurs* papiers et *leurs* livres, et recommandez-*leur* de ne plus les prêter qu'à *leurs* parents et à *leurs* amis intimes.

Quand vous verrez vos enfants, dites-*leur* combien *leurs* aimables qualités ont été appréciées de *leurs* camarades.

Si vous voulez obliger les autres, venez-*leur* en aide

sans jamais *leur* faire sentir que *leurs* misères et *leurs* besoins vous soient à charge.

* * *

Si vous ne changez rien à *votre* conduite, nous ne changerons rien à la *nôtre*.

Venez à *notre* maison de campagne ; vous y serez reçus comme nous l'avons été dans la *vôtre*.

Notre château n'est pas aussi beau que le *vôtre*.

Votre sort est bien plus heureux que le *nôtre*.

Notre ami, qui est aussi le *vôtre*, part ce soir pour Bruxelles.

Si vous visitez *notre* parc, vous verrez qu'il n'est pas moins spacieux que le *vôtre*.

Votre gilet et *votre* habit sont bien plus élégants que les *nôtres*.

* * *

La belle saison n'est pas encore de retour ; je *la* désire vivement pour qu'elle me permette d'aller en Italie : c'est *là* que viendront me retrouver mon frère et ma sœur.

Choisissez de *l'*esclavage ou de *la* liberté.

* * *

Soyez bons *ou* méchants.

Prenez la bonne *ou* la mauvaise voie.

Où courez-vous, malheureux ? *où* vous précipitez-vous en aveugles ? *où* tendent vos résolutions désespérées ?

Il faut *ou* vous sauver, *ou* vous laisser périr : mais *où* irez-vous, si l'on vous abandonne à vous-même ? *où* vous réfugierez-vous, si l'on vous permet de partir ? *où* vous dirigerez-vous ensuite ?

* * *

Je me rends *à* Rome, capitale du monde chrétien.

Si vous allez *à* Naples, je vous y suivrai.

L'armée s'avance *à* marche forcée.

Je voudrais savoir si votre frère *a* de bons sentiments, s'il *a* de l'esprit, s'il *a* du savoir.

Rendons-nous tous *à* Paris : ce séjour *a* mille charmes ; il plaît *à* tout le monde ; il y *a* pour cela bien des raisons. Le riche *a* là tous les agréments possibles ; le pauvre même *a* là bien des ressources qu'il ne trouverait ni *à* la campagne ni *à* l'étranger.

Faites en sorte qu'on me paye ce qui m'est *dû* : sans cela je pourrais manquer *du* nécessaire.

Je me suis *tu* sur les projets que *tu* m'avais confiés.

J'ai *cru* que ces fleurs avaient *crû* avec le beau temps.

EXERCICE XLIII.

De la ponctuation.

VIRGULE.

Il sait régler ses goûts, ses travaux, ses plaisirs.

La richesse, le plaisir, la santé sont pour l'homme de grands avantages.

L'Amérique fut découverte par Christophe Colomb, en 1492, sous le règne d'Isabelle et de Ferdinand le Catholique.

POINT ET VIRGULE.

Le bien de la fortune est un bien périssable ;

Quand on bâtit sur elle, on bâtit sur le sable ;

Plus on est élevé, plus on court de dangers.

Vante-t-on dans un poëte la vigueur de l'âme, les sentiments sublimes, c'est Corneille; la sensibilité du cœur, le style tendre et harmonieux, c'est Racine; la molle facilité, la négligence aimable, c'est La Fontaine; la raison parée des ornements de la poésie, c'est Despréaux; la verve, l'enthousiasme, c'est Jean-Baptiste Rousseau; les crayons noirs, les peintures effrayantes, c'est Crébillon; le coloris qui donne aux pensées, aux sentiments, aux images un éclat éblouissant, c'est Voltaire.

DEUX POINTS.

> Les cieux instruisent la terre
> A révérer leur auteur :
> Tout ce que leur globe enserre
> Célèbre un Dieu créateur.

On demande quatre choses à une femme : que la vertu habite dans son cœur; que la modestie brille sur son front; que la douceur découle de ses lèvres, et que le travail occupe ses mains.

La mort n'effraye point l'homme vertueux, qui, satisfait du rôle qu'il a joué, se retire de la scène avec tranquillité, et dit : J'ai vécu, j'ai bien fourni la carrière que le sort m'avait tracée.

LE POINT.

Le cœur d'une mère est le chef-d'œuvre de la nature.
Un mortel bienfaisant approche de Dieu même.

Un malheureux est une chose sacrée.

———————

LE POINT D'INTERROGATION.

Qu'y a-t-il de plus beau? l'univers. — De plus fort? la nécessité. — De plus difficile? de se connaître. — De plus facile? de donner des avis. — De plus rare? un véritable ami.

———————

LE POINT D'EXCLAMATION.

Que les sages sont en petit nombre!

Que la campagne est riche et belle!

Que la vertu est une douce chose!

Qu'il est glorieux de sacrifier sa vie pour son prince et pour sa patrie!

PETIT TRAITÉ

D'ANALYSE GRAMMATICALE.

———

L'analyse grammaticale fait connaître exactement les différentes espèces de mots, leurs formes accidentelles, et les rapports qu'ils ont entre eux dans les phrases où ils se trouvent.

D'après Lhomond, « il y a en français dix sortes de mots qu'on appelle les *parties du discours*, savoir : le *Nom* (ou *Substantif*), l'*Article*, l'*Adjectif*, le *Pronom*, le *Verbe*, le *Participe*, la *Préposition*, l'*Adverbe*, la *Conjonction* et l'*Interjection*. »

Parmi les noms ou substantifs, il faut distinguer :

1º Les noms *propres*, comme *Paul, Pierre*.

2º Les noms *communs*, comme *étoile, rose, outil*.

3º Les noms *collectifs*, qui expriment une réunion de choses de même espèce, comme *foule, multitude, douzaine, centaine*.

4º Les noms *partitifs*, qui expriment une partie d'un tout, comme la *moitié*, le *quart*, la *plupart*.

L'article *le, la, les*, simple sous cette forme, est contracté dans *au, aux, du, des*.

Parmi les adjectifs il faut distinguer :

1° Les adjectifs *qualificatifs*, comme *prudent, vertueux, sensible*.

2° Les adjectifs de nombre *cardinaux, un, une, deux, trois, quatre, cinq*, etc., et les adjectifs de nombre *ordinaux, premier, deuxième, troisième, quatrième, cinquième*, etc.

On distingue parmi les pronoms :

1° Les pronoms *personnels, je, me, moi, tu, te, toi, il, elle, le, la, lui, nous, vous, ils, elles, les, leur, eux*.

2° Les pronoms *réfléchis, se, soi*.

3° Les pronoms *possessifs, mon, ma, mes, ton, ta, tes, son, sa, ses, notre, nos, votre, vos, leur, leurs, mien, mienne, miens, miennes, tien, tienne, tiens, tiennes, sien, sienne, siens, siennes, nôtre, nôtres, vôtre, vôtres*.

4° Les pronoms *démonstratifs, ce, cet, cette, ces, celui, celle, ceux, celles*, et les composés, *celui-ci, celle-ci, ceux-ci, celles-ci, celui-là, celle-là, ceux-là, celles-là*.

5° Les pronoms *relatifs, qui, que, quel, quelle, quels, quelles, lequel, laquelle, lesquels, lesquelles*.

6° Les pronoms *indéfinis, on, l'on, personne, autrui, ce, ceci, cela, rien, quelque, chaque, aucun, nul, autre, plusieurs*, etc.

Parmi les verbes, on distingue :

1° Le verbe *être*, ou verbe par excellence, le seul de

10

son espèce, appelé verbe *auxiliaire,* ainsi que le verbe *avoir.*

2° Le verbe *actif* ou *transitif, aimer, finir, recevoir, rendre,* etc.

3° Le verbe *passif, être aimé, être fini, être reçu, être rendu,* etc.

4° Le verbe *neutre, tomber, languir, dormir.*

5° Le verbe *réfléchi, se repentir.*

6° Le verbe *impersonnel, falloir, pleuvoir, il faut, il pleut.*

———

On distingue dans les participes :

1° Le participe *présent, aimant, finissant, recevant, rendant.*

2° Le participe *passé, aimé, fini, reçu, rendu.*

———

Parmi les prépositions on distingue :

1° Celles qui sont exprimées en un seul mot et qui sont les seules prépositions véritables, *à, avant, avec, sans, contre, envers, par,* etc.

2° Celles qui sont composées de plusieurs mots, comme *eu égard à, au-dessus de, jusqu'à,* etc.

———

Parmi les adverbes on distingue :

1° Les adverbes de *manière,* tirés presque tous d'adjectifs, *distinctement, vivement, fortement.*

2° Les adverbes d'*ordre, premièrement, secondément, d'abord, ensuite, auparavant.*

3° Les adverbes de *lieu, où, ici, là, auprès, loin, ailleurs,* etc.

4° Les adverbes de *temps, hier, autrefois, bientôt, souvent, toujours.*

5° Les adverbes de *quantité, beaucoup, peu, assez, trop,* etc.

6° Les adverbes de *comparaison, plus, moins, aussi,* etc.

7° Les adverbes d'*affirmation, oui, certes, assurément.*

8° Les adverbes de *négation, non, nullement,* etc.

On distingue parmi les conjonctions :

1° Celles qui sont exprimées en un seul mot, *et, ni, aussi, mais, ou, comme, or, donc, ainsi,* etc.

2° Celles qui sont composées de plusieurs mots, comme *tant que, pourvu que, tandis que,* etc.

On appelle *accidents* ou *formes accidentelles,* les changements que les mots variables, tels que le nom, l'adjectif, le pronom et le verbe, peuvent recevoir.

Les noms sont du *masculin* ou du *féminin,* du *singulier* ou du *pluriel.*

Les adjectifs ont aussi des genres et des nombres, des *degrés de signification,* et très-souvent une forme *adverbiale.*

Les pronoms varient suivant les *trois personnes,* et de plus, ils changent de forme, selon qu'ils sont nominatifs (ou sujets), régimes (ou compléments).

Les verbes ont des *personnes,* des *temps,* des *modes.*

Il y a trois personnes au singulier et trois personnes au pluriel, comme dans les pronoms.

Les modes sont l'*indicatif*, le *conditionnel*, l'*impératif*, le *subjonctif*, l'*infinitif* et le *participe*.

Les quatre premiers, qui ont les trois personnes au singulier et au pluriel, sont appelés *modes personnels*.

Comme, dans l'infinitif et dans le participe, on ne distingue pas les personnes, ces deux modes sont appelés *modes impersonnels*.

Chaque mode a un temps simple ou plusieurs temps simples.

L'indicatif en a quatre : le *présent*, l'*imparfait*, le *prétérit*, le *futur*.

Le conditionnel et l'impératif ont un seul temps simple, le *présent*.

Le subjonctif a deux temps simples, le *présent* et l'*imparfait*.

L'infinitif en a deux aussi, le *présent*, comme *chanter*; et le *passé simple*, comme *chanté*, qui est invariable et qui ne s'emploie qu'avec le verbe avoir.

Le participe en a deux également, le *présent*, comme *chantant*; et le *passé*, comme *chanté*, qui diffère de l'infinitif passé simple, en ce qu'il est variable et qu'il s'emploie seul ou avec le verbe être, *chanté*, *chantée*, *chantés*, *chantées*.

Dans les adjectifs qualificatifs, il y a trois degrés de signification, le *positif*, le *comparatif* et le *superlatif*.

Le *positif*, comme *heureux*, est la forme simple des adjectifs; les autres formes sont composées : ce sont les comparatifs d'égalité, de supériorité et d'infériorité, comme *aussi heureux, plus heureux, moins heureux* ; le *superlatif absolu*, comme *très-heureux* ; et les *superlatifs relatifs*, comme *le plus heureux, le moins heureux*.

Dans les verbes, on distingue d'abord les temps composés de l'auxiliaire *avoir* ou de l'auxiliaire *être*, savoir : à l'indicatif, le *parfait*, comme *j'ai chanté, je suis venu* ; le *plus-que parfait, j'avais chanté, j'étais venu* ; le *prétérit antérieur, j'eus chanté, je fus venu* ; le *futur passé, j'aurai chanté, je serai venu*.

Le subjonctif a le *parfait*, (que) *j'aie chanté*, (que) *je sois venu* ; et le *plus-que-parfait*, (que) *j'eusse chanté*, (que) *je fusse venu*.

L'infinitif a le *parfait*, *avoir chanté, être venu* ; ainsi que le *participe, ayant chanté, étant venu*.

Un nom est *nominatif* (ou *sujet*) ; *régime* (ou *complément*). S'il est *nominatif*, il faut dire de quel verbe ; s'il est *régime*, on doit dire de quel mot.

S'il est précédé d'une préposition, on dit qu'il est *régime de la préposition*, ou *régime indirect* du mot qui la précède.

L'*adjectif* se rapporte au nom ; il s'accorde avec lui en *genre* et en *nombre*.

Le *pronom* se rapporte d'ordinaire à un ou plusieurs noms précédents ; il s'accorde en *genre* et en *nombre* avec un nom unique ; s'il se rapporte à plusieurs noms, il faut le mettre au pluriel ; si les noms sont de différents genres, on le met au masculin.

Quand le pronom ne se rapporte à rien, comme dans les verbes impersonnels, il est du singulier, du mascu-

10*

lin et de la troisième personne ; on dit alors qu'il est *pris absolument.*

Le *verbe* s'accorde en *nombre* et en *personne* avec son nominatif ; ce nominatif est toujours *je, nous, tu* ou *vous* pour les deux premières personnes ; pour la troisième, ce sont les pronoms *il, elle, ils, elles, celui, celle, ceux, celles ;* un nom propre ou un nom commun, ou quelque adjectif pris substantivement.

Les *participes,* comme tous les adjectifs, se rapportent à leur substantif ; mais le *participe présent* ne s'accorde pas toujours en genre et en nombre.

Le *participe passé,* employé avec le verbe *avoir,* se rapporte au régime de ce verbe, si ce régime le précède, et il s'accorde avec lui.

L'*adverbe,* comme le nom ou l'adjectif pris adverbialement, se joint toujours à un verbe ou à un adjectif, dont il détermine la signification.

La *préposition* lie ordinairement deux mots et les met en rapport.

La *conjonction* met deux propositions en rapport ; il est utile d'indiquer ces deux propositions.

Modèle d'analyse grammaticale.

Le roi vint chercher un refuge dans la contrée voisine.

Le, article simple, masculin singulier, se rapporte à *roi ; roi,* substantif commun masculin singulier, sujet du verbe *vint ; vint,* verbe neutre, troisième personne singulier du prétérit défini ; *chercher,* verbe actif ou transitif, au présent de l'infinitif ; *un,* adjectif de nombre cardinal, masculin singulier, se rapporte à *refuge*; *refuge*, substantif commun, masculin singulier, complément direct du verbe *chercher*; *dans*, préposition, régit *la contrée voisine*; *la*, article simple féminin singulier, se rapporte à *contrée*; *contrée*, substantif commun féminin singulier; *voisine*, adjectif féminin singulier, s'accorde avec *contrée*.

Autre modèle d'analyse grammaticale.

L'Arabe s'endurcit de bonne heure à la fatigue des voyages dans les sables du désert.

L' pour *le*, article simple masculin singulier, se rapporte à *Arabe*; *Arabe*, substantif commun masculin singulier, sujet du verbe *endurcit*; *s'* pour *soi*, complément masculin direct du verbe *endurcit*, se rapporte à *Arabe*; *endurcit*, verbe actif ou transitif, troisième personne singulier du présent de l'indicatif; *de*, préposition, régit *bonne heure*; *bonne*, adjectif féminin singulier, s'accorde avec *heure*; *heure*, substantif commun féminin singulier; *à*, préposition, régit *la fatigue*; *la*, article simple féminin singulier, se rapporte à *fatigue*; *fatigue*, substantif commun féminin singulier; *des*, article contracté pour *de les*, masculin pluriel, se rapporte à *voyages*; *voyages*, substantif commun masculin pluriel; *dans*, préposition, régit *les sables*; *les*, article simple masculin pluriel, se rapporte à *sables*; *sables*, substantif masculin pluriel; *du*, article contracté pour *de le*, masculin singulier, se rapporte à *désert*; *désert*, substantif commun masculin singulier.

EXERCICE XLV.

PETIT TRAITÉ

D'ANALYSE LOGIQUE.

L'*analyse logique* fait connaître les trois termes de chaque proposition, et montre comment les propositions se lient entre elles.

La simple vue des choses qui se présentent à notre esprit s'appelle *idée*.

Pour rendre une idée, nous formons des sons qui ont cette signification ; ces sons s'appellent des *mots*. Le *mot* est donc l'*expression d'une idée*.

Un *jugement* est la *comparaison de deux idées*. Par exemple, quand je vois une porte, je compare, dans mon esprit, les idées que j'ai de la *porte* et de *fermé ; je trouve qu'elles se conviennent, et je *juge* que la *porte est fermée ;* ou je trouve que ces idées ne se conviennent pas, et je *juge* que la *porte n'est pas fermée*.

Pour énoncer un jugement, il faut former une *proposition* avec les mots qui expriment déjà les idées que nous comparons : ainsi, une *proposition* est l'*expression d'un jugement*.

Il y a autant de propositions qu'il y a de jugements exprimés dans le discours.

Dans tout discours, il y a autant de propositions que de verbes à des temps personnels, exprimés ou sous-entendus.

Dans l'analyse logique, on ne regarde jamais comme verbes que ceux qui sont à des temps personnels.

Les infinitifs et les participes sont toujours considérés comme des noms (ou substantifs), ou des adjectifs.

Les deux idées que l'on compare dans un jugement, et le mot qui exprime cette comparaison, se nomment les *termes* de la proposition.

Chaque proposition renferme donc trois termes : le *sujet*, le *verbe* et l'*attribut*.

Le *sujet* exprime l'objet principal de notre jugement ; le *verbe* indique si l'attribut appartient ou n'appartient pas au sujet ; l'*attribut* exprime la qualité que nous comparons actuellement au sujet. Exemple : *votre habit est malpropre. Votre habit,* voilà l'objet principal de ma pensée ; c'est le sujet : *malpropre* est la qualité que je lui compare en ce moment ; c'est l'attribut : *est* est le verbe ; il indique que dans mon esprit la qualité représentée par le mot *malpropre* appartient au sujet *votre habit.*

Si l'attribut me semblait ne pas appartenir au sujet, j'ajouterais une *négation,* et je dirais : *votre habit n'est pas malpropre.* Le verbe seul a été modifié par la négation ; le sujet et l'attribut sont restés ce qu'ils étaient.

Le verbe indiquant que l'attribut est ou n'est pas dans le sujet, est toujours le verbe *être,* qu'il soit ou non exprimé dans la proposition. Ainsi, dans cette proposition : *Dieu punit les méchants ;* pour trouver le verbe être, il faut dire logiquement : *Dieu est punissant les méchants.*

Les sujets et les attributs sont *simples,* quand ils sont exprimés en un seul mot. Exemple : *Paul est bon ; vos frères sont partis ; Paul, vos frères* sont des sujets simples ; *bon, partis* sont des attributs simples.

Les sujets et les attributs sont *multiples,* s'ils expriment à la fois plusieurs objets différents. Exemple : *Pierre, Paul* et *Jean sont trois villageois.* Cette proposition a pour sujets multiples *Pierre, Paul* et *Jean.* Dans cette autre proposition : *la mer est calme, tranquille, transparente ;* c'est l'attribut qui est multiple, puisqu'il est désigné par ces trois mots *calme, tranquille, transparente.*

Les sujets et les attributs sont *complexes,* lorsqu'ils sont accompagnés de quelque adjectif, ou de certains mots qui en modifient la signification.

Saint Louis, fils de Blanche de Castille, ou *Louis IX, roi de France, fut un grand roi.* Voilà des sujets complexes. *Aristote fut digne des plus grands honneurs.* Voilà un attribut complexe.

Les mots qui déterminent le sujet ou l'attribut complexes, si ce ne sont pas des noms ou des adjectifs qui s'y rapportent, s'appellent en général *compléments,* parce qu'ils complètent leur signification.

Lorsqu'on examine les propositions entre elles, on trouve qu'elles sont *absolues* ou *relatives.*

Une proposition *absolue* est celle qui, pour être parfaitement comprise, n'a besoin que des mots dont elle se compose. Exemple : *le temps est beau.*

Une proposition est *relative* ou *partielle*, lorsque le sens qu'elle exprime suppose un autre jugement, et dès lors une autre proposition pour compléter la première. Ainsi, dans cet exemple : *Les philosophes prétendent que l'homme est le roi de la nature ; les philosophes prétendent,* voilà la première proposition dont le sens est incomplet, jusqu'à ce qu'on sache ce qu'ils prétendent, savoir, que *l'homme est le roi de la nature.* Ces mots viennent donc déterminer et compléter la première proposition.

Deux propositions pareilles sont ce qu'on appelle *corrélatives* ; leur réunion forme une *proposition composée.*

Dans une proposition composée, l'une des deux corrélatives n'ayant d'autre objet que de déterminer l'autre, on dit qu'elle est *secondaire* : celle qu'elle détermine est la proposition *principale.* Exemple : *Je viendrai vous voir, si cela peut vous être agréable;* proposition principale : *je viendrai vous voir;* proposition secondaire : *si cela peut vous être agréable;* celle-ci détermine la première, par l'expression d'une condition.

Une proposition secondaire commence toujours par une formule conjonctive.

Les propositions secondaires prennent différents noms suivant la place qu'elles occupent. On appelle, en général, propositions *incidentes* celles qui sont enclavées dans la proposition principale. Ainsi, dans cet exemple : *Néron, qui fut un cruel tyran, doit être exécré.* Les mots, *qui fut un cruel tyran,* forment une phrase *secondaire;* et, à la place où elle est, cette phrase prend le nom d'*incidente,* parce qu'elle tombe entre le sujet et son attribut.

La *construction analytique* place les termes et les mots

qui font partie de ces termes dans l'ordre méthodique de la syntaxe : *sujet, verbe* et *attribut.*

La *construction usuelle* est celle que suit chaque langue dans l'arrangement des mots de ses phrases.

Cette construction peut différer beaucoup de la première. Dans une phrase, il faut donc distinguer la construction *directe* et la construction *inverse.*

Voici quelques exemples d'*inversions :*

Il est glorieux de mourir pour son pays. Construction directe : *il* (savoir) *de mourir pour son pays est glorieux.*

Il tombe de la grêle. Construction directe : *il* (savoir) *de la grêle tombe.*

Il me tarde que vous soyez là. Il (savoir) *que vous soyez là me tarde.*

On appelle *proposition elliptique* celle où il y a quelque ellipse, c'est-à-dire d'où l'on a retranché quelque mot déjà exprimé ou facile à sous-entendre. Ainsi, toute proposition dont les trois termes (sujet, verbe et attribut) ne sont pas complets dans toutes leurs parties est elliptique.

Courons est une proposition elliptique ; rétablissons les trois termes : *nous,* sujet ; *soyons,* verbe ; *courant,* attribut.

Quand un prisonnier s'écrie : *Si je pouvais m'échapper !* quoique la proposition donnée soit complète dans ses trois termes, il y a cependant l'ellipse d'une autre proposition comme celle-ci : (je serais bien heureux) *si je pouvais m'échapper.*

Modèle d'analyse logique.

La vertu nous vient du ciel. Cependant on la dirait
ée parmi les hommes. On la trouve dans le cœur des
ens de bien.

Analyse. Il y a là trois propositions.
1. La vertu nous vient du ciel.
2. Cependant on la dirait née parmi les hommes.
3. On la trouve dans le cœur des gens de bien.

L'encens est originaire de l'Arabie. Il est d'un parfum
licieux. Il fut apporté en Europe par des marchands
dustrieux.

Analyse. Il y a là trois propositions.
1. *Sujet,* l'encens. *Verbe,* est. *Attribut,* originaire de
Arabie.
2. *Sujet,* il. *Verbe,* est. *Attribut,* d'un parfum délicieux.
3. *Sujet,* il. *Verbe,* fut. *Attribut,* apporté en Europe
ar des marchands industrieux.

Le bonheur du méchant passe comme l'éclair.

Analyse. Sujet, le bonheur du méchant. *Passe,* pour
t passant. *Verbe,* est. *Attribut,* passant comme l'éclair.

La terre a été étonnée des victoires d'Alexandre le Grand.

Analyse. Sujet simple, la terre. *Verbe,* a été. *Attri-*
ut, étonnée ; *complexe,* parce qu'il a pour complément
es victoires d'Alexandre le Grand.

Les hommes aiment à la folie les récits merveilleux.

Analyse. Sujet, les hommes. *Verbe* et *attribut,* aiment

11

(pour *sont aimant*); *complexe*, parce qu'il a pour complément, 1º *les récits merveilleux*; 2º *à la folie.*

Mais ici, les paroles éloquentes, prononcées par cet orateur, commencent à porter leur fruit.

Analyse. Conjonction, mais. *Sujet complexe*, les paroles éloquentes, prononcées par cet orateur. *Verbe et attribut complexes*, commencent à porter leur fruit ici. *Construction*, généralement *directe*, sauf le mot *ici*, qui est placé au commencement dans le texte, et que l'analyse amène à la fin de l'attribut.

Combien de vertus sont ignorées !

Analyse. Sujet, combien de vertus; il est *complexe. Verbe*, sont. *Attribut*, ignorées. *Proposition absolue et pleine. Construction directe.*

EXERCICE XLVI.

De certaines locutions.

Dire aux élèves d'expliquer les locutions suivantes.

Achevé, ée. En parlant des personnes, *achevé* se dit toujours en mauvaise part : C'est un fou *achevé*, un sot *achevé*, un scélérat *achevé*; mais en parlant des choses, il se prend toujours en bonne part : Un ouvrage *achevé*, une beauté *achevée.*

Addition. En additionnant les adjectifs de nombre, faut-il dire : deux et deux *sont* quatre, ou : deux et deux *font* quatre? L'Académie et l'usage se sont prononcés pour cette dernière locution.

Aïeul, aïeux. Le mot *aïeul* n'a point de composés au delà de ceux de *bisaïeul* et de *trisaïeul* ; quand on parle des degrés plus éloignés, on dit : *quatrième aïeul, cinquième aïeul.* Par *aïeux*, on entend ceux qui ont devancé nos *aïeuls*, c'est-à-dire tous ceux de qui l'on descend : Il a hérité ce droit de ses *aïeux.*

Alger. Quelques personnes font sonner le *r* final de ce mot ; la prononciation partout adoptée aujourd'hui ne le fait pas sonner autrement que celui du mot *berger.*

Armistice. Ce mot, que Voltaire a employé au féminin, est aujourd'hui masculin.

Angora. Il faut dire un chat *angora*, et non *angola*, comme on l'entend dire souvent.

Brouillamini. Il faut dire et écrire *brouillamini*, et non *embrouillamini*, quoique ce mot ait été employé par Voltaire.

Cacophonie. Plusieurs disent à tort *cacaphonie*, au lieu de *cacophonie*, le seul mot qui soit conforme à l'étymologie grecque.

Café. Ce mot ne doit pas s'écrire avec deux *f.*

Casuel. C'est à tort qu'on emploie ce mot dans le sens de *fragile, cassant.* Il faut dire : Cette porcelaine est *cassante*, et non est *casuelle.* Le mot *casuel* signifie seulement *fortuit* ou *accidentel.*

Colorer, colorier. Ne pas confondre ces deux mots : *colorer* signifie, au propre, donner la *couleur naturelle; colorier* est un terme de peinture qui se dit de la *couleur artificielle.*

Conséquent. Il ne faut jamais employer ce mot dans le sens de *considérable. Conséquent* signifie ce qui est d'accord avec soi-même dans toutes ses parties ; dire une maison *conséquente*, c'est donc faire un barbarisme.

Corpulence. Écrire et prononcer ainsi ce mot, et ne pas se servir du mot *corporence*.

Cou-de-pied, *coude-pied*. Doit-on écrire *cou-de-pied* en trois mots, ou *coude-pied* en deux mots ? L'Académie se prononce pour *cou-de-pied*, et regarde comme abusive l'orthographe *coude-pied*.

Cresane, poire dont la peau est rude et la chair tendre, délicate, avec une eau douce, sucrée et de bon goût. Presque tout le monde dit *creusane* ; mais l'Académie reconnaît *cresane*, en ajoutant toutefois : « On dit plus exactement, mais plus rarement *crassane*. »

Décesser. Ce mot, employé mal à propos pour *cesser*, et dont on fait un fréquent usage depuis quelque temps, n'est pas français.

Décombres. Ce mot ne s'emploie qu'au pluriel ; il est masculin et non féminin.

Définitif. Doit-on dire *en définitif* ou *en définitive ?* L'Académie ne reconnaît que cette dernière locution.

Désordonner. Ce verbe n'est point admis par l'Académie, qui signale le seul mot *désordonné* comme adjectif et non comme participe.

Disparition. L'Académie reconnaît ce mot, et non celui de *disparution*, qu'on entend dire souvent.

Droit, *droite*. Si l'on veut recommander à une femme de marcher, de se diriger en ligne directe, il faut lui dire : Madame, marchez *droit* ; mais si l'on veut l'engager à marcher de manière que sa personne soit droite, il faut lui dire : Madame, marchez *droite*.

Ébène. Voltaire a fait ce mot masculin, c'est une erreur : il est féminin.

Édredon. Il faut dire *édredon*, et non pas *aigledon*, qui n'est point un mot reçu.

Éhonté et *déhonté.* Ces deux mots sont admis comme synonymes par l'Académie.

À l'envi. Cette locution adverbiale ne prend jamais de *e* final.

Évangile. Ce mot est masculin, malgré l'autorité de Boileau, qui le fait féminin.

Forcené. L'Académie n'admet que cet adjectif, et non le verbe *se forcener*, dont on trouve un exemple dans Fénelon.

Frangipane, substantif féminin. Beaucoup de personnes disent improprement *franchipane.*

Guet. Il faut dire : Les oies, les chiens sont de bon *guet*, et non de bonne *guette*, comme on l'entend dire souvent.

Hébéter. Il faut dire et écrire ainsi, et non *embéter*, qui se dit sans cesse dans le langage vulgaire.

Chic. Ce mot, qui n'est point admis par l'Académie, est un terme d'atelier.

Hurluberlu. Terme populaire; bien des gens disent encore *hustuberlu*, qui est un barbarisme.

Infecter et *infester.* Ne pas confondre le sens de ces deux mots; *infecter* signifie *gâter, corrompre :* La peste avait *infecté* la ville. *Infester* signifie *piller, ravager par des irruptions :* Les pirates ont *infesté* nos côtes. Il signifie encore *incommoder, tourmenter :* Les rats *infestent* cette maison.

Larron. Au féminin il faut dire *larronnesse* ; *larronne* serait une faute.

Liteaux. Il faut dire des serviettes à *liteaux*, et non à *linteaux. Liteaux*, substantif masculin pluriel, se dit des raies colorées qui traversent certaines toiles d'une lisière à l'autre. *Linteau* est la pièce de bois qui se met en travers, au-dessus de l'ouverture d'une porte ou d'une fenêtre, pour soutenir la maçonnerie.

Mars en carême, marée en carême. La première expression signifie une chose qui ne manque jamais d'arriver, qui se fait toujours à certain temps, à certaine époque. La seconde expression se dit de ce qui arrive à propos.

Messire Jean (poire de). Dites ainsi, et non de *misserjan*.

Midi, minuit. Ces deux mots sont chacun un substantif masculin singulier. Il faut donc dire : J'irai vous voir à *midi précis* ; il est *minuit et demi, midi et demi* ; je me rendrai là sur *le midi*, sur *le minuit* ; et non pas : J'irai vous voir à *midi précise*, à *midi et demie*, sur *les minuit*, sur *les midi*. On dit : *Minuit est sonné, midi est sonné* ; et non pas *a sonné*, encore moins *ont sonné* ; mais on dit : L'horloge *a sonné*, parce que c'est l'horloge qui sonne, au lieu que ce sont les heures qui sont sonnées par l'horloge.

FIN.

TABLE

DES EXERCICES.

FIN DE LA TABLE.